St. Ingbert

Fotografien von Manfred Holz | Texte von Christel und Günter Reitz

Bibliografische Information der Deutschen Nationalbibliothek
Die Deutsche Nationalbibliothek verzeichnet diese Publikation in der
Deutschen Nationalbibliografie; detaillierte bibliografische Daten
sind im Internet über http://dnb.d-nb.de abrufbar.

© 2016 by Röhrig Universitätsverlag GmbH
Postfach 1806, D-66368 St. Ingbert
www.roehrig-verlag.de

Umschlag und Layout: Sascha Hantschke
Druck: Strauss GmbH, Mörlenbach
Printed in Germany 2016
ISBN 978-3-86110-617-7

Einleitung

Nichts ist beständiger als der Wandel – auch in Bezug auf das Stadtbild von St. Ingbert. Private und öffentliche Gebäude werden neu erstellt, ältere verschwinden oder werden verändert, Waldgebiete weichen Stadtvierteln. Zum Glück geht man heute mit der Abrissbirne etwas zögerlicher um, kontrastiert und integriert Altes und Neues, wofür es in St. Ingbert einige interessante Beispiele gibt. Beim Straßenbau gilt gerade »Kreisel statt Kreuzung«, schon länger arbeitet man an Verkehrsberuhigung statt »freier Fahrt« durch Innenstädte, so können die St. Ingberter heute auf Napoleons Heerstraße sitzen und frühstücken. Durch neue Technologien ändert sich die Arbeitswelt, was sich auch auf das Aussehen ihrer Standorte auswirkt. Gleichzeitig bleibt das Erbe der Vergangenheit an vielen Stellen sichtbar und wird gepflegt. Bei näherem Hinsehen findet man erstaunlich viele Schmuckelemente an alten Industriebauten. Auch wenn sich die Stile ändern, bei modernen Zweckbauten spielt die Ästhetik meist wieder eine größere Rolle, die Beispiele finden sich in allen Gewerbegebieten. Der Bildband möchte einen Eindruck vom derzeitigen Aussehen der Stadt festhalten.

Um zu verstehen, wie St. Ingbert zu seinem heutigen Stadtbild gekommen ist, muss man einen Blick auf seine naturräumlichen Gegebenheiten werfen und auf einige Aspekte seiner historischen Entwicklung, beides in aller Kürze, um den Bildern den Vorrang zu geben.

Die naturräumlichen Voraussetzungen

Die Naturräume, an denen St. Ingbert Anteil hat, werden in ihrer Lage und ihrem Verlauf bestimmt vom Saarbrücker Kohlensattel mit dem Kohlenwald. Dieser ist Teil eines alten, weitgehend abgetragenen Hochgebirges und hat mit seiner Südwest-Nordost-Richtung die wichtigsten Leitlinien des St. Ingberter Raumes vorgegeben. Er wird nach Südosten scharf von einer geologischen Hauptverwerfung abgeschnitten. Sie hat bewirkt, dass die Steinkohlenflöze unter der heutigen St. Ingberter Gemarkung in Tiefen abgesunken sind, in denen sie nicht mehr abgebaut werden können: Wirtschaftlich war das zunächst ein Nachteil, städtebaulich aber ein Segen, denn die peripheren Stadtviertel konnten sich auf Baugrund entwickeln, der nicht von Bergschäden heimgesucht wurde, wie dies in den Orten des benachbarten Sulzbachtals der Fall war. Auf der anderen Seite profitierte St. Ingbert vom Bergbau, da es bis in die 1950er Jahre ein Bergwerk im ehemaligen, im Sulzbachtal gelegenen Stadtteil Schnappach hatte, dessen Förderung in der Rischbachanlage zu Tage gebracht wurde.

Außer Oberwürzbach und Hassel liegen alle St. Ingberter Stadtteile im Naturraum der St. Ingbert-Kaiserslauterer-Senke. Diese wurde durch die Fließgewässer in den weicheren Gesteinsschichten des Mittleren Buntsandsteins ausgeräumt und weitet sich von der trichterförmigen Talenge zwischen Scheidt und Rentrisch nach Nordosten allmählich zur Bliesniederung und zum Homburger Becken. Sie wird nach Südosten abrupt begrenzt von der Schichtstufe des harten Oberen Buntsandsteins, die

nur durchbrochen ist von den Quellmulden des Würzbachs und seiner Zuflüsse.

Diese gehören schon zum Wassereinzugsgebiet der Blies. Das Grumbachtal trennt den Großen und Kleinen Stiefel als isolierte, steil aufragende Berge von der ins St. Ingbert-Kirkeler-Waldgebiet und zur Bliesgauhochfläche überleitenden Geländestufe. Hier knüpft die moderne Verkehrserschließung der Niederung an die älteste Wegeführung an: Eine Römerstraße verlief parallel zum Fuß der 100 m hohen Buntsandsteinstufe des Schafkopfs und Kahlenbergs nach Nordosten ins Bliestal. Ihrem Verlauf folgt heute die Bundesautobahn A 6. Auch die Trasse eines bereits vor dem Zweiten Weltkrieg ins Auge gefassten Saar-Pfalz-Rhein-Kanals sollte durch das Grumbachtal führen und sah zwischen St. Ingbert und Rohrbach sogar einen Hafen vor. Dieses Vorhaben wurde nach der Rückgliederung des Saarlandes wieder aufgegriffen, mit einem Trassenverlauf durch das Würzbachtal, wo man von dem reichen Wasserangebot des St. Ingbert-Kirkeler-Waldgebietes profitieren wollte.

Die Bewohner der betroffenen Stadtteile werden es nicht bedauert haben, dass dieses Projekt schließlich zugunsten des Saarausbaus zur Großschifffahrtsstraße aufgegeben wurde.

Während für die Autobahn nur am Südostrand der Siedlungsgebiete St. Ingberts und Rohrbachs noch freies Gelände zur Verfügung stand, verlaufen die älteren Verkehrswege parallel zum Rohrbach (Großbach, Scheidterbach), aber auf höher gelegenen Trassen südlich des Baches, in sicherem Abstand zur versumpften und hochwassergefährdeten Talaue. Als wichtigste Durchgangsstraße ließ Napoleon Bonaparte die später nach ihm benannte Kaiserstraße für Truppenbewegungen ausbauen. An ihr entwickelten sich Rentrisch, St. Ingbert und Rohrbach als ländlich geprägte Straßendörfer, die zunächst nur an den Abzweigungen in die Seitentäler Siedlungserweiterungen erfuhren. Für eine stärkere ackerbauliche Nutzung eigneten sich die nährstoffarmen Böden des Buntsandsteins schlecht, und die sumpfige Auenlandschaft an Rohrbach und Würzbach konnte höchstens als Grünland dienen.

Doch bereits im 17. Jahrhundert unternahm man erste, zaghafte Versuche, die natürlichen Ressourcen zu nutzen. In der Folge entstanden im 18. Jahrhundert frühe industrielle Ansätze. Als wichtigste Standortfaktoren erwiesen sich dabei die Bäche für die Getreide- und Sägemühlen, später für den Antrieb von Poch- und Hammerwerken, die Wälder für die Holzkohleherstellung in Meilern und Pottaschegewinnung, die Quarzsande des Buntsandsteins für die Glasherstellung, einfache Bauerngruben, in denen man nach Steinkohle suchte, sowie Vorkommen von rotem Toneisenstein in Form von Eisenschwarten, die sich in den Buntsandsteinschichten finden.

Aspekte der historischen Entwicklung

Über Jahrhunderte war St. Ingbert eine agrarisch geprägte Waldsiedlung, die sich in der relativ kurzen Zeit von zwei Jahrhunderten zu einem klassischen Industriestandort mit Eisen, Kohle und Glas entwickelte, und damit vom Dorf (mit 1.350 Einwohnern im Jahr 1803) zur Stadt (mit ca. 42.500 Einwohnern 1978). Seit dem ausgehenden 20. Jahr-

hundert wandelt es sich zu einem Zentrum vorwiegend mittelständischer Produktionsbetriebe für Hochtechnologie und Dienstleistung, insbesondere Informationstechnologie.

Wir überspringen die ältere Geschichte vom Stiefeler Schloss und Lendelfingen, der Hofsiedlung mit dem Altnamen von St. Ingbert, von den ersten Urkunden und den wechselnden Feudalherrschaften im Mittelalter, dessen Strukturen in Wirtschaft und Gesellschaft bis zur Französischen Revolution fortdauerten.

Die Französische Revolution

Der St. Ingberter Waldprozess zwischen der Gemeinde und den Grafen von der Leyen in der zweiten Hälfte des 18. Jahrhunderts bietet ein Beispiel für die Konfliktursachen in der Umbruchzeit der beginnenden Industrialisierung und dem Ende des Absolutismus. Die adligen Herrschaften erkannten die aufkeimende Industrie als neue Einnahmequelle und übten ihre Besitzrechte aus, wobei dem Unternehmertum enge Grenzen gesetzt waren. Die Bauern, skeptisch gegenüber Neuerungen, beanspruchten zunächst eine Verbesserung ihrer Lage gemäß dem Gewohnheitsrecht im Rahmen der alten Untertänigkeit. Erst mit dem zunehmenden Erfolg der Französischen Revolution machten sie sich revolutionäre Forderungen zu eigen. Die Herrschaft verbot den Bauern die früher stillschweigend geduldete Mitnutzung der Wälder, untersagte die Kohlengräberei, ermöglichte aber mit billigem Holz aus St. Ingberter Wäldern den Betrieb der Eisenschmelze, die 1733 ortsfremde Pächter aus

Nunkirchen und Blieskastel gegründet hatten. All dies provozierte den Zorn und sogar gewaltsamen Widerstand der St. Ingberter, sie überfielen das Eisenwerk und die Kohlengruben. Als sie sich mit 19 Leyen'schen Dörfern verbündeten, organisierte der Graf von der Leyen militärischen Beistand und behielt 1789 die Oberhand. Aber mit dem Vordringen der Französischen Revolution sahen sich die Fürsten 1793 zur Flucht gezwungen. St. Ingbert richtete zwei Reunionsgesuche an die Französische Republik, die aber unberücksichtigt blieben. Vier Kriegsjahre mit Einquartierungen und Kontributionen waren der Preis für das Ende der Fürstenherrschaft. Gerade in der umkämpften St. Ingberter Region verschoben sich die Fronten zwischen den französischen Revolutionstruppen und den Koalitionsheeren häufig. In diesem Zusammenhang ereignete sich auch die Kanonade von Rohrbach im August/September 1793. Obwohl der preußische Obrist Blücher die französischen Truppen zunächst vom Franzosenkopf vertreiben konnte, besetzte Frankreich langfristig das linke Rheinufer.

Die Hoffnung auf Einführung der revolutionären Freiheiten erfüllte sich für die besetzten Gebiete zunächst nicht. Die Abgaben und Besitzrechte des alten Systems blieben zugunsten des französischen Staates bestehen.

Erst 1798 erfolgte der von den Revolutionären ersehnte Anschluss an die Französische Republik, die schon bald ein Kaiserreich werden sollte.

Eine neue Verwaltungsordnung wurde geschaffen, womit St. Ingbert zum Saardepartement mit der Hauptstadt Trier gehörte. Mit der Einführung der französischen Verfassung galten Rechtsgleichheit, persönliche Freiheit, Gewerbefreiheit, Aufhebung der Feudalrechte, Steuerreform, Konfessionsfreiheit, Emanzipation der Juden etc. Ab 1803 wurden die Adels- und Kirchengüter öffentlich versteigert, wodurch die freie Verfügung über Grundbesitz und viele Unternehmensgründungen erst ermöglicht wurden. Obwohl nun auch die allgemeine Wehrpflicht galt, überwogen die Vorteile des neuen Systems.

Unter bayerischer Herrschaft

Mit dem Ende der napoleonischen Herrschaft, dem Zweiten Pariser Frieden im November 1815 und dem Wiener Kongress wurde die Saarregion, abgesehen von dem St. Wendeler Land und Birkenfeld,

zwischen Preußen und Bayern aufgeteilt, d.h. St. Ingbert gehörte ab dem 30. April 1816 zum *Bayerischen Rheinkreis*. Die politische Loyalität der Bevölkerung wurde in jener Epoche stark strapaziert. Dennoch akzeptierte sie den Anschluss an Bayern leichter als die westliche Saarregion die preußische Herrschaft, da Bayern bereits früh eine gemäßigt liberale Verfassung hatte und zudem die von den Franzosen eingeführten Freiheiten des Code Napoléon, die sogenannten »Rheinischen Institutionen«, bestehen ließ, samt den vorhandenen Verwaltungseinrichtungen.

Mit der industriellen Entwicklung St. Ingberts wuchs die Bevölkerung und damit die Bedeutung des Ortes. 1829 wurde St. Ingbert Stadt.

Merkwürdigerweise gibt es von der Stadterhebung keinen direkten Nachweis, wohl weil der Unterschied zwischen Stadt und Gemeinde keine rechtliche Bedeutung hatte. St. Ingbert wurde die größte Industriestadt der Pfalz und der Ort mit der höchsten Steinkohleförderung im ganzen Königreich Bayern. Um mehr zentralörtliche Funktionen zu erhalten, stellten die Stadtväter zweimal, 1848 und 1863, in München den Antrag auf Teilung des Blieskasteler Gerichtsbezirks. 1868 wurde dem Wunsch schließlich entsprochen, und St. Ingbert wurde Gerichtssitz im neuen Kanton mit Rohrbach, Hassel, Oberwürzbach, Heckendalheim, Ommersheim, Ensheim und Eschringen. Nachdem die Einwohnerzahl von St. Ingbert die von Zweibrücken überstiegen hatte, wurde die Stadt am 1. Oktober 1902 Sitz eines eigenen Bezirksamtes (= Landratsamt) mit 27 Gemeinden. Die feierliche Einführung des

Bezirksamtmannes Dexheimer fand mangels passenden Amtsgebäudes im »Beckerbräu« statt.

Die »bayerische Zeit« St. Ingberts, und damit die enge Verbindung mit der Pfalz, endete nach dem Ersten Weltkrieg, als im Frieden von Versailles das Saargebiet für 15 Jahre unter die Verwaltung des Völkerbunds gestellt und die Saargruben Frankreich übereignet wurden.

1919 entstand für die dem Saargebiet zugeordneten Gebiete der bayerischen Pfalz die Bezeichnung »Saarpfalz«.

Die Entwicklung der Industrie

Die Entwicklung der St. Ingberter Industrie begann zwar unter der Feudalherrschaft, die Voraussetzungen für den beschleunigten wirtschaftlichen Aufstieg (Take-off-Phase) wurden aber erst durch die Französische Revolution geschaffen: Freizügigkeit, Gewerbefreiheit, freie Verfügung über privates Eigentum und Rechtssicherheit machten unternehmerisches Handeln erst möglich. Der bevorstehende Umbau der Gesellschaft konnte nur mit einer gewaltigen Produktionssteigerung der Landwirtschaft gesichert werden. Ein Musterbeispiel findet sich auf den Hasseler Höfen mit Felix Villeroy.

Mit der steigenden Produktivität der Industrie wurden die Erschließung neuer Märkte und die Lösung des Mobilitätsproblems erforderlich.

Die Glasindustrie

Die ältesten Glashütten auf St. Ingberter Bann entstanden im 18. Jahrhundert in Hassel und Rohrbach. Beide wurden mit Holz betrieben und bestanden nur für kurze Zeit. Auch eine von dem Betreiber des Eisenwerks, Peter Lauer, 1777 gegründete Glashütte, die mit Kohle befeuert wurde, bestand auf dem Werksgelände nur wenige Jahre.

1874 entstand in St. Ingbert die Aktienglashütte, volkstümlich auch »Buddelhitt« genannt, da sie bis 1928 jährlich 7 bis 8 Millionen Wein-, Bier- und Champagnerflaschen erzeugte.

Adolf Wagner gründete 1889 in St. Ingbert direkt an der Bahnlinie die Lautzenthal-Glashütte, die Tafelglas herstellte. Die Erben Wagners kauften die Schnappacher Mariannenthaler Hütte, legten sie wegen Grubenschäden still und übernahmen deren Belegschaft nach St. Ingbert.

Die Lautzenthal-Hütte wurde 1929 der größte Fensterglasproduzent in Deutschland.

1918 wurden die Vereinigten Vopelius'schen und Wentzel'schen Glashütten nach St. Ingbert verlegt, das damit zum Hauptort der südwestdeutschen Glasindustrie wurde. Der Konzentrationsprozess ging weiter, indem die Firma Vopelius-Wentzel 1932 die Lautzenthal-Hütte kaufte und stilllegte.

Nach Anpassung des Produktionsverfahrens an den jeweils neuesten technischen Stand produzierte die Vopelius-Wentzel'sche Hütte bis 1975 Tafelglas. Damit erlosch dieser Industriezweig in St. Ingbert. Die Glashütten waren auf eine qualifizierte Stammbelegschaft angewiesen, die sie mit Sozialleistungen zu binden suchten. So gab es bei der Lautzenthal-Hütte eine Pensions- und Krankenkasse. Vor allem suchte man die Arbeiter durch den Bau von Arbeiterwohnungen in der Nähe der Hütte anzusiedeln. Beispiele finden sich in der Glashütter Straße und

in der »Kolonie« zwischen der Blieskasteler Straße und der Oststraße.

Die Eisenindustrie

Die St. Ingberter Schwerindustrie war stark abhängig von ihrer Versorgung mit Rohstoffen: Die Vorkommen von rotem Toneisenstein im Buntsandstein waren nicht sehr ergiebig und hatten einen sehr geringen Eisengehalt. Deshalb mussten schon im 18. Jahrhundert reichere Erze aus dem mittleren Saarland und dem Hunsrückvorland mit Pferdefuhrwerken herbeigeschafft werden, was immer problematisch war wegen der Durchquerung kleinerer Territorien, deren Herrschaften ihre Einkünfte aufbessern wollten durch Wegegeld und Zölle. Später suchte man neue Transportmöglichkeiten für hochwertigere Erze, die man aus dem Sieg-Lahn-Dillgebiet über Mosel und Saar importierte. Schließlich verhüttete man Ende des 19. Jahrhunderts, nach der Entwicklung des Thomasstahlverfahrens, ein nach heutigen Maßstäben auch eher eisenarmes Erz, die lothringische Minette, die aber immerhin über die inzwischen eröffnete Eisenbahnstrecke angeliefert werden konnte. Sie wurde in den Hochöfen des oberen Werks mit Hilfe des in der Werkskokerei aus St. Ingberter Kohle hergestellten Kokses geschmolzen.

Der Kohlenbergbau

Der St. Ingberter Steinkohleabbau geht ins 17. Jahrhundert zurück, als er herrschaftliches Regal (Vorrecht) der von der Leyen wurde. Das Bergregal beinhaltete den Einzug des Zehnten von der För-

derung, der Preisfestsetzung für Kohle, der Gräberlöhne, der Abbauvorschriften u.a.

Aber bereits in den Anfängen des Kohleabbaus kam es zu Schwierigkeiten beim Kohleabsatz. Konnte die Kohle zunächst noch zollfrei auf der Saar verfrachtet werden, so gestatteten die Grafen von Nassau-Saarbrücken später nur noch den Transport über Land gegen Weggebühren. Wie ein roter Faden ziehen sich von nun an die Zollschwierigkeiten mit den benachbarten Territorien durch die St. Ingberter Bergbaugeschichte.

Die Suche nach an der Erdoberfläche ausstreichenden Kohleflözen führte die ersten Grubenbetreiber zur Rothell und dann über den Nordhang des Sechseichenkopfes ins Ruhbach- und Sulzbachtal. Die meisten Grubeninhaber waren gleichzeitig auch Fuhrleute und Landwirte. Die Kohlen wurden entweder als Schmiedekohlen oder Kalkkohlen genutzt.

Letztere benötigte man im Bliesgau zum Brennen des Dünger- und Baukalkes. Hausbrand gab es noch nicht. Wegen der Geländeschwierigkeiten musste der Transport mit sechsspännigen Fuhren erfolgen, und um das nassauische Gebiet zu umfahren, nahm man weite Umwege in Kauf.

In den 1770er Jahren wurden in Schnappach die Stollen der Marianen- und Grafengrube und der Philippsstollen gegraben. 1793 bis 1816 waren die Schnappacher Gruben unter französischer Verwaltung. Ihr Absatz ging vor allem nach Metz, wo die Kohlen für militärische Zwecke Verwertung fanden. Nach dem Zweiten Pariser Frieden erhielt das Königreich Bayern die St. Ingberter Kohlengruben.

1821 gab es in Schnappach 17 Stollen, deren tiefster, der Sulzbacher Stollen und spätere Hauptstollen A, 1852 in die Rischbach durchgeschlagen wurde. Er war 2635 m lang, 2,30 m breit und fiel von seiner Mitte zu beiden Mundlöchern ab, um nach Norden und Süden für eine gesicherte Entwässerung zu sorgen. Mit dem Tiefbau hatte man 1834 begonnen, eine zweite Tiefbausohle angelegt und damit die Förderung beträchtlich erhöht. 1867 erhielt die Grube ein Anschlussgleis an die Bahnlinie St. Ingbert – Hassel. 1883 belief sich die Belegschaft auf

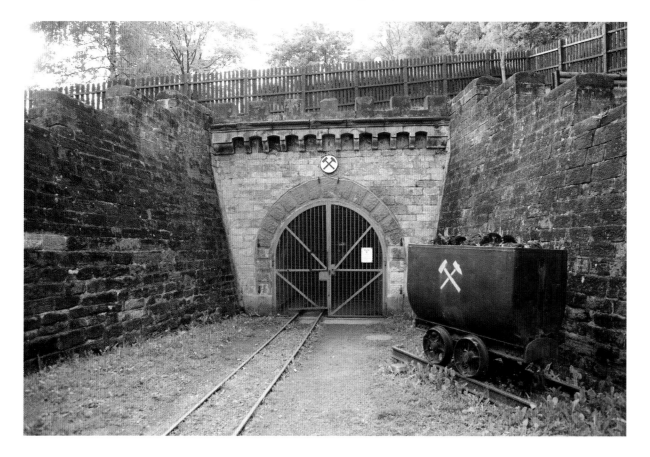

700 Mann, die 155 000 Tonnen Kohle förderten. Es gab 2 Förderschächte und 2 Förderstollen nach Schnappach und St. Ingbert, 5 Dampfmaschinen und 20 Grubenpferde.

1918 ging auch die St. Ingberter Grube in französische Verwaltung über. Diese versuchte mit allen Mitteln, die Produktion zu steigern, was in der Folge zu immer stärkeren Bergschäden in Schnappach führte, das zu einem untergehenden Dorf wurde und deutschlandweit eine traurige Berühmtheit erlangte. Viele Familien wurden obdachlos und siedelten nach St. Ingbert um. Während des Zweiten Weltkriegs war der alte Hauptstollen A als Kriegslazarett vorgesehen, in den letzten Kriegsmonaten diente er als Luftschutzstollen.

1951 waren über 1.400 Bergleute bei der Grube beschäftigt. Fast alle kamen aus dem Kreis St. Ingbert. 1953 begann man die Belegschaft zu reduzieren, die Förderung nahm beständig ab. Schließlich blieb nur noch eine Kleingrube auf Sechseichen, die ein zwei Meter mächtiges Flöz abbaute. 1959 wurde die Kleingrube dem Steinkohlenbergwerk Maybach zugeschlagen und St. Ingbert war damit keine »Grubenstadt« mehr.

Der Eisenbahnanschluss

Die Initiative zum Bau einer Eisenbahn von Saarbrücken nach Mannheim ging von einer Gesellschaft saarländischer Industrieller unter dem Vorsitz des preußischen Bergrats Leopold Sello aus. Das Ziel war die Verbesserung der Absatzmöglichkeiten für die Saarkohle. Bei der Streckenführung wurde das preußische Sulzbachtal mit seiner großen Anzahl von Gruben bevorzugt. St. Ingbert blieb trotz seiner schon damals bedeutenden Industrie zunächst unberücksichtigt.

1837 genehmigte der bayerische König Ludwig I. den Bau einer Bahn vom Rhein bis Bexbach zur bayerisch-preußischen Grenze. Die Strecke wurde 1849 fertiggestellt. Der Anschluss auf preußischer Seite von Saarbrücken durch das Sulzbachtal über Neunkirchen zur Ludwigsbahn wurde bis 1852 erstellt. Die Verhandlungen mit der bayerischen Regierung über den Bau der Strecke Homburg – St.

Ingbert zogen sich ab 1856 lange hin, hauptsächlich weil Blieskastel einen Bahnanschluss beantragte, weshalb die Strecke durch das Würzbachtal führen sollte. Im Februar 1865 genehmigte der bayerische König eine Bahnlinie, die in Schwarzenacker von der Strecke Homburg – Zweibrücken abzweigte und über Bierbach, Niederwürzbach und Hassel St. Ingbert erreichte. Für diese Streckenführung musste ein 507 m langer Tunnel durch den Rothenkopf zwischen St. Ingbert und Hassel gebaut werden. Die Linie konnte nach etwas mehr als zweijähriger Bauzeit am 1. Juni 1867 eröffnet werden, dabei erhielt auch das Eisenwerk einen Anschluss, ebenso bediente ein Gleis die St. Ingberter Grube, für dessen Damm die beim Tunnelbau angefallenen Erdmassen verwendet wurden. Der St. Ingberter Bahnhof blieb mehr als zehn Jahre lang ein Kopfbahnhof, bis die Verbindung nach Saarbrücken über die bayerisch-preußische Grenze 1879 in Dienst gestellt werden konnte. Gleichzeitig erhielt St. Ingbert ein neues Empfangsgebäude. Die für die St. Ingberter Industrie dringend notwendige Anbindung an das stetig wachsende Verkehrsnetz war damit erreicht.

Ein Teil der Strecke musste allerdings nach wenigen Jahren verändert werden, da es große Probleme mit dem Hasseler Tunnel gab. Durch eindringendes Wasser wurden besonders auf der Hasseler Seite schon bald Sanierungsmaßnahmen notwendig, die aber nicht dauerhaft zum Ziel führten. Der preußische Generalstab in Berlin war wegen der Tunnelprobleme alarmiert und drängte auf eine Lösung, da die militärischen Transporte zum Aufmarschgebiet an der westlichen Reichsgrenze tangiert waren. Die

Überlegungen, wie der Tunnel zu sichern sei, wurden im Oktober 1892 beendet durch die Forderung der Reichsregierung, auf den Tunnel zu verzichten und eine Umgehungsbahn zu bauen. Also wurde die »strategische« Strecke gebaut, die Rohrbach den Vorteil eines Bahnanschlusses brachte und bis heute Teil der Linie St. Ingbert – Homburg ist. Der Hasseler Tunnel diente seinem Zweck nur 28 Jahre lang und wurde 1895 stillgelegt. Seine Geschichte macht deutlich, dass man in der Pionierzeit der Eisenbahn, als Sicherheitsstandards noch nicht weit entwickelt waren, bei dem Bau schwieriger Strecken manchmal hohe Risiken einging.

Der Eisenbahnbau war ohne Zweifel teuer und aufwändig, er fungierte aber auch als Wirtschaftsmotor. Zum einen schuf der Bahnbau selber eine gewaltige Zahl von Arbeitsplätzen, weshalb der Leiter des preußischen Bergamtes, Sello, sich für die neuen Bahnstrecken einsetzte. Er wollte neue Arbeitsplätze für arbeitslose Bergleute schaffen und dadurch politische Unruhen verhindern. Zum andern mussten die Eisenhütten und Bergwerke ihre Kapazitäten erweitern, um den riesigen Bedarf der Bahn an Eisen und Kohle zu decken. Gerade in der unruhigen Zeit um 1848, als wirtschaftliche Not in der Pfalz das revolutionäre Potential verstärkte, diente der Bahnbau als willkommenes Konjunkturprogramm, das zur politischen Beruhigung beitrug. Insgesamt können die Vorteile des Bahnanschlusses für St. Ingbert nicht hoch genug eingeschätzt werden. Der Personen- und Gütertransport wurde schneller, billiger und umfangreicher. Entfernte Märkte wurden erschlossen, die hiesigen Produkte

konkurrenzfähig, Pendler konnten leichter zu den Arbeitsplätzen in St. Ingbert gelangen. Die Eisenbahn brachte der Stadt einen bedeutenden wirtschaftlichen Aufschwung.

Anmerkungen zur Entwicklung im 20. Jahrhundert

Das Thema Mobilität ist auf der Tagesordnung geblieben. Nach der Rückgliederung des Saarlandes 1957 wurde zum wirtschaftlichen Anschluss an die Bundesrepublik 1959 die Autobahn A6 bis zum Anschluss St. Ingbert West fertiggestellt. 1963 konnte das wegen seiner Brücken sehr aufwändige Teilstück bis kurz vor Saarbrücken eröffnet werden. Die Verbindung zur französischen Autobahn nach Metz und Paris an der Goldenen Bremm wurde 1969 vollendet. Mit dem Bau der A8 erreichte man die Einbindung des Saarlands in das bundesdeutsche Autobahnnetz, zugleich befreite man es aus seiner Randlage, indem es in der europäischen Großregion Frankreich, Deutschland, Luxemburg, Belgien zentral vernetzt wurde.

Die Ende der 70er Jahre gebaute dritte Anschlussstelle der A6 für St. Ingbert wirkte sich auch günstig auf neue Industrieansiedlungen aus, die nach dem Niedergang von Kohle, Eisen und Glas notwendig waren. Einen deutlichen Schwerpunkt bei den neueren Unternehmen bildet der Maschinenbau, in jüngster Zeit zusätzlich Logistik und Dienstleitungen.

Wichtige Veränderungen erfuhr St. Ingbert durch die kommunale Gebiets- und Verwaltungsreform zum 1. Januar 1974. St. Ingbert verlor seinen Status als Kreisstadt. Die Kreise St. Ingbert und Homburg wurden zum Saarpfalz-Kreis zusammengefasst, St. Ingbert ist seither Mittelstadt mit eigenem Autokennzeichen, einigen Behörden und ein wichtiger Schulstandort.

St. Ingbert verlor 1974 den Stadtteil Schnappach, der zu Sulzbach kam.

Die Stadt gewann vier Gemeinden hinzu, nämlich Rohrbach, Hassel, Oberwürzbach mit Reichen-brunn und Rittersmühle sowie Rentrisch. Damit erhielt St. Ingbert seine heutige Gestalt.

St. Ingbert ist die »Stadt der Wälder« genannt worden, die »Stadt der Arbeit und der Erholung«, auch »die grüne Industriestadt«. Wie sehr das immer noch zutrifft, können Sie anhand der Bilder beurteilen. Grün ist in den meisten Stadtteilen die vorherrschende Farbe. Auch das St. Ingberter Hüttenwesen blüht ja noch – in anderem Wort-sinn – in Form der vielen Wanderhütten, die an Wochenenden regen Betrieb verzeichnen. Das Biosphärenreservat Bliesgau versucht auf die Schönheit der Region aufmerksam zu machen. St. Ingbert ist ein Teil davon. Entdecken Sie in diesem Buch bekannte und neue Seiten von St. Ingbert!

Rund um die Engelbertskirche

Das Herzstück der Stadt ist die Kaiserstraße von Wendlings Eck bis zum Haus Beckerbräu, im ersten Abschnitt verkehrsberuhigt, ab der Rickertstraße Fußgängerzone bis in die Ludwigstraße. Die ursprüngliche Funktion der Hauptverkehrsader haben die Poststraße, Kohlenstraße und Wollbachstraße übernommen. Der historische Mittelpunkt, die Alte Kirche (Engelbertskirche), bildet zusammen mit St. Josef und dem Beckerturm das dreifache Wahrzeichen der Stadt. Die Ausbuchtung der Kaiserstraße vor der Engelbertskirche erlaubte die Nutzung als Marktplatz, woran zwei Bilder Albert Weisgerbers, Jahrmarkt in St. Ingbert (1906), erinnern.

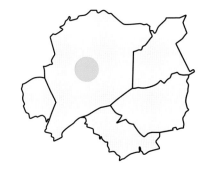

Das Luftbild, Blickrichtung NW, mit dem Stadtkern lässt den Verlauf der Kaiserstraße erkennen, mit der Engelbertskirche an der breitesten Stelle. Am rechten Bildrand führt die Ludwigstraße nach NW. Die Ludwigschule und St. Hildegard befinden sich am Bildrand rechts oben. In der linken oberen Bildhälfte erkennt man den Verlauf der Rickertstraße mit der Alten Post, dahinter das Rathaus.

Die Kaiserstraße vom Beckerbräu bis Schange Eck. Das ehemalige Café Becker, von dem heute nur noch die Fassade erhalten ist, wurde in der 1. Hälfte des 19. Jahrhunderts erbaut. Es verfügte über einen Festsaal mit Bühne und war daher ein wichtiger Veranstaltungsort.

Bereits in der Mitte des 19. Jahrhunderts wies die Kaiserstraße einen geschlossenen Baubestand auf, der in großen Teilen erhalten geblieben ist. Alle zentralen Funktionen waren hier versammelt, gegenüber der Engelbertskirche das Rathaus, das eine Zeitlang auch das Amtsgericht beherbergte, daneben das Pfarrhaus, die Post war bis 1905 in verschiedenen Gebäuden in der Kaiserstraße untergebracht. Als St. Ingbert 1902 Kreisstadt wurde, siedelte man das Bezirksamt ebenfalls hier im heutigen Polizeidienstgebäude an.

Da es im 20. Jahrhundert keine Kriegsschäden in der Innenstadt gab, veränderte sich der Stadtkern nur durch Umbauten und Renovierung oder Neubauten, die zuvor abgerissene Gebäude ersetzten. So wurde 1973 das alte Rathaus beseitigt zugunsten eines modernen Geschäftshauses, das alte Bürgerhospital wich in den 1960er Jahren einem Kaufhaus. Die Kaiserstraße ist die Adresse für Fachgeschäfte, Fachärzte, Apotheken und eine vielfältige Gastronomie, die die geselligen Treffpunkte in der Fußgängerzone bietet.

Ohne die Fußgängerzone, St. Ingberts ›gudd Stubb‹ und Flaniermeile zugleich, die zwischen 1984 und 1990 entstand, kann man sich die Stadt heute nicht mehr vorstellen.

Schange Eck (Kaiserstraße/ Ludwigstraße) ist typisch für die barocken Mansarddächer, die immer noch das Stadtbild prägen.

Die Alte Kirche, St. Engelbert, wurde 1755 auf Veranlassung des Grafen Friedrich Ferdinand von der Leyen als Pfarrkirche für die etwa 500 Einwohner von St. Ingbert gebaut.

Die Kanzel und die Kirchenbänke der schlichten barocken Saalkirche gehören zur ursprünglichen Ausstattung. Das Doppelwappen des Grafen von der Leyen und seiner Gemahlin Marie Charlotte von Hatzfeld schmückt das Portal der Kirche.

Wegen des enormen Wachstums der Industriestadt seit der Wende zum 20. Jahrhundert konnten die alten Gebäude ihre Aufgaben nicht mehr erfüllen. Neues Gelände musste im damals sumpfigen Wiesental des Großbachs erschlossen werden, wo für neue Gebäude zum Teil aufwändige Pfahlgründungen notwendig wurden. Man legte um 1904 auf einem Damm die heutige Rickertstraße an, wo sogleich das repräsentative Postamt gebaut wurde, das von 1905 bis 1974 als solches genutzt wurde. Wohn- und Geschäftshäuser entstanden, so auch 1930 das Gebäude der Kreissparkasse am Markt. Der Stadtkern wuchs in alle Richtungen. In den 1960er Jahren wurde die Gesamtkonzeption des Marktplatzes erstellt und in den 70er Jahren umgesetzt. Am nördlichen Rand des Geländes stand bereits seit 1902 die Wiesentalschule, auf der Südseite das 1958 erbaute Landratsamt neben der Kreissparkasse. 1972 wurde das heutige Rathaus eröffnet, anschließend entstanden die Ingobertushalle, der Busbahnhof, das Feuerwehrgerätehaus und die Stadthalle, nachdem der Schlachthof und die alten Stadtwerksgebäude einschließlich Gaskessel abgerissen waren. Die Post stellte 1974 ein neues Gebäude in der Poststraße in

Dienst. Der Großbach fließt heute unsichtbar unter dem Rathaus hindurch und kommt erst jenseits des Industriegleises wieder ans Licht.

Städtische Geschäftshäuser säumen auch die Ludwigstraße, benannt nach den Bayernkönigen mit Namen Ludwig, nachdem ihr früherer Name Kohlenstraße nach Verlegung des Kohlenplatzes an die nördliche Querstraße vergeben wurde. Kurz vor dem Ende der Fußgängerzone findet man den Eingang zum idyllischen Maxplatz mit einigen restaurierten kleinen Handwerkerhäusern, früher bekannt als Mühleck, weil hier die Stadtmühle am Großbach stand. Südlich an den zentralen Abschnitt der Kaiserstraße angrenzend erkennt man ein weiteres altes Handwerkerviertel, Im Sumpe, wegen seiner tiefen Lage früher überflutungsgefährdet, von wo sich Reihen kleiner, alter Häuser bis in die Blieskasteler Straße fortsetzen. Zu beiden Seiten steigt das Gelände an, im Osten zum Hobels, im Westen jenseits der Pfarrgasse zur Meß hin. Auf diesem Hügel zwischen Pfarrgasse und Alter Bahnhofstraße drängen

sich die hohen Gebäude des Dominikanerinnen-klosters und der Albertus-Magnus-Schulen. In der Pfarrgasse befand sich neben etlichen Handwerks-betrieben und Gasthäusern auch die Volksschule in zwei großen Schulgebäuden, getrennt für Jungen und Mädchen, erbaut 1897 und1900. Das ältere Gebäude wurde 1973 abgerissen, die Knabenschule

wird heute als Jugendzentrum und von der Kino-werkstatt genutzt.

Die Alte Bahnhofstraße verband ursprünglich das Stadtzentrum mit dem alten Bahnhof, der seine Funktion aber bald wieder verlor. Neben den vie-len Geschäften der Alten Bahnhofstraße fallen zwei Gebäude ins Auge: das ehemalige Gefängnis, heute

Unterkunft für Flüchtlinge, und die Alte Baum-wollspinnerei, 1885 von den Schweizer Fabrikan-ten Schuler und Schmidt gegründet, produzierte sie bis 1964 Garne und Zwirne. Heute ruhen in ihr die Hoffnungen St. Ingberts auf einen glänzenden Kulturstandort.

Neben barocken Formen findet sich auch Jugendstil in der Fußgängerzone.

Das Gebäude der Stadtbibliothek ist ein gelungenes Beispiel für die behutsame architektonische Angleichung an die Umgebung, nachdem eine Kaufhaus-Fassade aus den 1970er Jahren entfernt wurde.

Unter dem Zunftbaum feierte St. Ingbert 2016 nicht nur das Maifest, sondern auch den 200. Jahrestag der Zugehörigkeit zu Bayern, die im St. Ingberter Stadtwappen mit dem bayerischen Löwen auf weiß-blauem Balken festgehalten ist.

Am rechten Bildrand befindet sich das Geburtshaus Albert Weisgerbers (1878–1915), des bedeutendsten Malers der Stadt.

Heute
Markttag
ab 15.00 Uhr
Maxplatz

Rund um die Engelbertskirche

*Das heutige Polizeidienst-
gebäude wurde 1863 als
Mädchenschule mit 12
Klassenzimmern einge-
weiht. 1870/71 diente es
vorübergehend als Laza-
rett. Als St. Ingbert 1902
Sitz eines Bezirksamts,
also Kreisstadt wurde,
stellte man die Schule für
das Bezirksamt zur Verfü-
gung. Nach der Eröffnung
des neuen Landratsamts
am Markt 1959 kaufte
das Innenministerium das
Gebäude. Seither wird es
von der Polizei genutzt.*

*»Stolpersteine« erinnern
an Opfer des Nationalso-
zialismus, ein Projekt des
Kölner Künstlers Gunter
Demnig, hier ein Beispiel
in der Kaiserstraße 53.*

*Eine besonders schöne
Jugendstil-Fassade
bietet das ehemalige
Textil-Kaufhaus Krämer
in der Kaiserstraße.*

Die Luitpoldschule, als Volksschule 1884 im klassizistischen Stil erbaut, ist nach dem bayerischen Prinzregenten benannt, der sie 1888 tatsächlich besuchte. Heute befindet sich darin eine Kindertagesstätte.

Ein Kilometerstein an der Kaiserstraße aus dem frühen 19. Jahrhundert, der die genaue Entfernung nach Homburg und Saarbrücken markiert.

Wendlings Eck, erbaut 1882, heute ein Geschäftshaus, war das Verwaltungsgebäude der Pulverfabrik der Gebrüder Martin.

Die Ludwigstraße, in der Mitte das Haus (1842) des Kunstsammlers und Ehrenbürgers der Stadt, Franz Josef Kohl-Weigand.

Die Bebauung der Ludwigstraße stammt überwiegend aus der Mitte des 19. Jahrhunderts. Im Goldenen Stern haben die Eltern Albert Weisgerbers eine Gastwirtschaft betrieben.

Die Rickertstraße in vorweihnachtlicher Abendstimmung.

Der Maxplatz, früher Mühleck genannt.

*Jugenstil in
der Rickertstraße*

*Die Alte Post, ein
repräsentatives
königlich-bayerisches
Gebäude, diente
ihrem ursprünglichen
Zweck von 1905 bis
1974. Heute ist sie
ein Geschäfts- und
Ärztehaus.*

Rund um die Engelbertskirche

Die Rickertstraße verläuft von der linken unteren Bildecke diagonal zur Mitte. Bei der Alten Post kreuzt sie die Poststraße, die sich bis zur rechten unteren Ecke zieht. In der Mitte der linken Bildhälfte das Rathaus, rechts daneben die Stadthalle.

Repräsentative Wohnhäuser in der Poststraße aus dem ersten Viertel des 20. Jahrhunderts.

Das Luftbild zeigt das Rathaus mit Glaskuppel, links davon die Ingobertushalle, dahinter die Stadthalle und die Wiesentalschule. In der Mitte der Marktplatz, dahinter am Horizont die Josefskirche.

Das Rathaus, 1972 fertig gestellt, später mit neuer Fassade versehen.

Das ehemalige Landratsamt, 1958 eröffnet, wurde nach 1974 Museum, leider zu früh geschlossen, und beherbergt heute eine Dienststelle des Landesverwaltungsamts.

Das Luftbild mit Blickrichtung SW zeigt am unteren Bildrand die Blieskasteler Straße, parallel dazu in der Bildmitte die Pfarrgasse. Im Hintergrund erkennt man die Schulen auf der Meß, am Horizont den Stiefel.

Das Luftbild mit Blickrichtung SW zeigt in der Mitte die Meß mit zwei weißen Gebäude-komplexen, rechts dem Dominikanerinnenkloster mit der Albertus-Magnus-Realschule, links dem Albertus-Magnus-Gymnasium, weiter links dem Kindergarten. Aus der rechten unteren Bildecke führt die Straße »Auf der Meß« bis zur rechten Bildmitte in die Alte Bahnhofstraße. Parallel dazu verläuft am rechten Bildrand die Kaiserstraße. Hinter den beiden Schul-gebäuden steht schräg die Baumwollspinnerei. Im Hintergrund sieht man den Süden der Stadt mit dem Stiefel.

Die Wiesentalschule wurde 1902 als zweigeschossiges katholisches Schulhaus gebaut. 1910 wurde sie aufgestockt, um die protestantischen Schüler aufzuneh-men. Die Katholiken zogen in die neue Ludwigschule.

Die Blieskasteler Straße führt vom Sumpe aus der Stadt heraus.

Die Baumwollspinnerei, erbaut 1885, zurzeit immer noch in der Renovierungsphase, soll einmal das Albert-Weisgerber-Museum und andere kulturelle Einrichtungen aufnehmen.

Die Pfarrgassschule, erbaut 1900, wird heute genutzt von der Kinowerkstatt, dem Jugendzentrum und dem Kinderschutzbund.

Rund um die Engelbertskirche

Der Nordwesten

Das Herz des St. Ingberter Nordwestens schlug bis Ende der 1950er Jahre im Rischbachtal, vor dem südlichen Mundloch des Hauptstollens A des Bergwerks St. Ingbert. Hierher brachten Loren die im Tiefbau geförderten Kohlen ebenerdig zutage. Dies ersparte den mühseligen Transport mit Pferdefuhrwerken über den schlecht befahrbaren, steilen Weg über die Sechseichen und das Josefstal. Neben den Stollenmund gruppierten sich die Bergwerksgebäude, die heute von industriegeschichtlichem Interesse sind und durch ihren teils aufwendigen Baustil auffallen, so u.a. das Schlafhaus, der Verlesesaal, die Lampenkaue, die Badeanstalt und die Kaffeeküche. Sie werden jetzt meist von Nachfolgebetrieben genutzt oder sind in diese integriert. Die Kohlenaufbereitung be-

fand sich seit 1852 am Ende der heutigen Kohlenstraße vor dem Eisenbahnviadukt. Direkt daneben stand das Bergamt.

Die älteste Wohnbebauung reicht in der unteren Josefstalerstraße noch in die Zeit vor dem Stollendurchschlag zurück. Die in den 60er Jahren des 19. Jahrhunderts gebauten Wohnhäuser der Kohlenstraße mussten öffentlichen Einrichtungen weichen. Auf der Nordseite dieser Straße wurde um 1850 eine erste Maschinenfabrik gegründet, die nach mehreren Gesellschafterwechseln ab 1927 als Maschinenfabrik Otto Kaiser mit Bau- und Turmdrehkranen sowie Freifall- und Transportbetonmischern Weltgeltung erlangte. Die Firma stellte 1984 ihre Produktion in St. Ingbert ein.

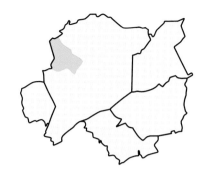

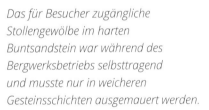

Das südliche Mundloch des Grubenstollens St. Ingbert. Heute Ausgangspunkt für die Besichtigung des Besucherbergwerks Rischbachstollen.

Das für Besucher zugängliche Stollengewölbe im harten Buntsandstein war während des Bergwerksbetriebs selbsttragend und musste nur in weicheren Gesteinsschichten ausgemauert werden.

Noch vor dem Ersten Weltkrieg begann die geschlossene Bebauung der Theodorstraße mit Häusern, die eine St. Ingberter Baufirma nach einheitlichem Plan erstellte. Bis 1916 errichtete die Bergverwaltung in der Rischbachstraße neben der Übertageanlage für Grubenbeamte sogenannte Steigerhäuser, in denen sich jeweils sechs Mietwohnungen befanden. In den 1920er Jahren wurden von der damals französischen Grubenverwaltung (Administration des Mines Domaniales Françaises de la Sarre) Miet- und Privathäuser in der Karl- und Marienstraße erstellt, erkennbar an Dachausbauten und Krüppelwalmdächern. Ende der 1920er Jahre begann die Besiedlung mit Einzel- und Doppelhäusern im östlich an das Grubenareal angrenzenden Musikantenviertel, dessen Straßen nach berühmten Komponisten benannt sind und so dem Quartier den Namen gaben. Natürlich befanden sich unter den dort wohnenden Bergleuten auch viele Musiker, die in der Bergkapelle spielten. Sie waren die Hauptakteure beim Bergmannsfest, das im Buchenwald in der Rischbach regelmäßig stattfand. Unterstützt wurden sie von dem Chor der Josefstaler. Nach dem Zweiten Weltkrieg baute in den 50er Jahren die Bauinteressengemeinschaft St. Ingberter Bergleute im Musikantenviertel 33 Häuser. Mit der Schließung der Grube verbesserte sich die Wohnlage östlich des Grubenwegs und der stillgelegten Grubeneisenbahn. Jetzt konnte die ursprünglich landwirtschaftlich genutzte Große Flur flächendeckend bebaut werden.

Westlich der Übertageanlage der Grube bildete sich schon in den 1930er Jahren die sogenannte Grubensiedlung. Sie stellt den Kern des Rockentalviertels, das in den 50er Jahren dann rasch wuchs, und zwar durch Baumaßnahmen des Bergmannssiedlervereins St. Ingbert, des Deutschen Siedlerbundes, der Neusiedlergemeinschaft

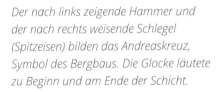

Der nach links zeigende Hammer und der nach rechts weisende Schlegel (Spitzeisen) bilden das Andreaskreuz, Symbol des Bergbaus. Die Glocke läutete zu Beginn und am Ende der Schicht.

Lore mit Stückkohle vor dem ehemaligen Zechenhaus.

An der rechten Stollenwand eine Skulptur der heiligen Barbara, der Schutzpatronin der Bergleute.

Bronzeplastik »Der Saarbergmann« (1930) von Fritz Koelle, 1961 der Stadt von Franz-Josef Kohl-Weigand geschenkt.

sowie des Gemeinnützigen Siedlungswerks der Diözese Speyer.

Die ersten Protestanten kamen Ende des 18. Jahrhunderts nach St. Ingbert. Sie fanden überwiegend Beschäftigung im Krämer'schen Eisenwerk. 1858/59 wurde von ihnen in exponierter Lage auf einem Geländesporn zwischen Josefstaler- und Kohlenstraße die Martin-Luther-Kirche erbaut, 1862 erlangte die protestantische Kirchengemeinde ihre Selbständigkeit als Pfarrei.

1876 weihte die kleine jüdische Gemeinde St. Ingbert ihre eigene Synagoge ein. 1936 kaufte die Stadt die Synagoge, die bis 1944 als Luftschutzschule diente. Im Jahr 1950 erwarb die protestantische Kirchengemeinde die Synagoge und richtete in ihr ein Jugendheim ein.

Der rasche Aufschwung des Eisenwerks und der Grube erforderte auch eine verstärkte Gesundheitsfürsorge. 1867 stellte die Familie Krämer ein Haus in der Kohlenstraße protestantischen Krankenschwestern aus Speyer zur Pflege kranker Werks-

Der Nordwesten vom Beckerturm aus gesehen. In der Bildmitte zuvorderst die Martin-Luther-Kirche, dahinter die Ludwigsschule und die St. Hildegardskirche. Alle drei stehen auf dem Etzelchen, das nach rechts von der unteren Josefstaler Straße und nach links von der Kohlenstraße begrenzt wird. Die obere Bildhälfte zeigt am rechten Bildrand das Musikantenviertel und zum linken Bildrand zu das Rockentalviertel mit dem Kirchturm von Herz-Mariä. Auf dem bewaldeten Höhenrücken darüber liegt Neuweiler.

Die stark ansteigende Josefstaler Straße mit den beiden Hochhäusern lässt erahnen, wie schwer diese über die Sechseichen nach Schnappach führende Straße im 19. Jahrhundert, als sie noch ein Sandweg war, von Pferdefuhrwerken bewältigt werden konnte.

angehöriger, aber auch anderer Patienten, zur Verfügung. Dieses Schmelzer Hospital existierte als solches bis 1940. Gleich daneben diente der Karlsbergsaal zunächst als Schlafhaus für Glashüttenarbeiter, später wurde er zum Tanzsaal umfunktioniert. 1888 richtete der St. Ingberter Knappschaftsverein im Bürohaus der stillgelegten Ehrhardtschen Glashütte ein Hospital mit 13 Betten ein, das nach und nach zum modernen Knappschaftskrankenhaus für 100 Patienten erweitert wurde. Es existierte bis 1973. Nach seinem Abriss baute man auf dem Gelände das Altenpflegeheim St. Barbara.

Die seit Ende des 19. Jahrhunderts stark anwachsende katholische Wohnbevölkerung im Dreieck zwischen Josefstaler- und Kohlenstraße ließ den Ruf nach neuen öffentlichen Einrichtungen lauter werden. 1910 wurde die katholische Ludwigsschule auf der Höhe des Etzelchens errichtet; sie diente im Ersten Weltkrieg als Lazarett. Etwas oberhalb bildete die 1929 eingeweihte St. Hildegards-

kirche das Zentrum der zweiten katholischen Pfarrei in St. Ingbert. Mit ihren in Birkenfelder Klinker errichteten Außenmauern erschien sie den Zeitgenossen wie eine Burg Gottes, die mit der spätbarocken und neugotischen Tradition der älteren Kirchenbauten brach. Ihr Äußeres und Inneres reflektiert die Industrie- und Bergbauarchitektur der Zeit. In der Nachbarschaft errichtete man Pfarr- und Schwesternhaus sowie einen Kindergarten.

Dem starken Bevölkerungswachstum des Rockentalviertels folgte auch dort der Bau einer eigenen katholischen Kirche. Neben einer 1955 aufgestellten Mariensäule weihte man 1957 die Kirche Herz Mariä. Das Gotteshaus mit einem freistehenden Campanile bildet eine in der ganzen Stadtmitte sichtbare Landmarke. 1973 schließlich wurde die letzte Volksschule der Stadt, die Rischbachschule, einschließlich einer Turnhalle und eines Lehrschwimmbeckens ihrer Bestimmung übergeben.

Das Schmelzer Hospital pflegte nicht nur kranke Betriebsangehörige des Krämer'schen Eisenwerks, sondern auch werksfremde Patienten. Es existierte bis 1940. Heute beherbergt es Büroräume.

In der Josefstaler Straße, rechts neben der ehemaligen Synagoge, befand sich Anfang der 1920er Jahre eine jüdische Schule. Heute ist das Haus in Privatbesitz.

Die Theodorstraße zeigt zum Teil durch Aufstockungen vergrößerte, ursprünglich eingeschossige Häuser der Zeit nach 1900. Die Fenster haben Sandsteinumrahmungen.

Die Martin-Luther-Kirche wurde 1858/1859 nach den Plänen des aus St. Ingbert stammenden großherzoglich-hessischen Hofbaumeisters Dr. Ludwig Weyland erbaut. 1866 kam neben der Kirche ein Pfarrhaus hinzu. Die in neoromanischem Stil errichtete Kirche erhielt 1933 im Innenraum eine Empore, da sie für die protestantische Gemeinde zu klein geworden war. 1966 wurde der Innenraum neugestaltet und renoviert.

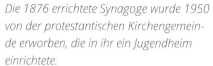

Die 1876 errichtete Synagoge wurde 1950 von der protestantischen Kirchengemeinde erworben, die in ihr ein Jugendheim einrichtete.

Die mit klassizistischen Stilelementen aufwendig gestaltete Fassade der Ludwigsschule, des Etzelchens. Nach dem Auszug der Schulklassen wurden ihre Räume von der Musik- und Volkshochschule genutzt.

Die St. Hildegardskirche mit dem Pfarrhaus unterscheidet sich allein schon durch ihr Äußeres von allen anderen Kirchen der Stadt. Ihr Architekt Albert Boßlet übernahm für die Außenwände und den Turm eine rotbraune Klinkerverkleidung wie die Industriebauten der Jahrhundertwende. Der vom Boden aufsteigende Blendspitzbogen rahmt über den Portalen die aus Kupferblech getriebene Kirchenpatronin ein.

Haupt- und Seitenschiffe der St. Hildegardskirche rufen durch kräftige Betonpfeiler und trapezförmige Betonrahmen, die eine Flachdecke tragen, den Eindruck von Grubenstollen hervor. Gleichzeitig erinnern sie mit Spitzbögen und in satten Farbtönen gehaltenen Glasmalereien an gotische Kirchenschiffe.

Auf dem Gelände des ehemaligen Knappschaftskrankenhauses entstand Anfang der 1980er Jahre nach den Plänen von Hanns Schönecker das Caritas-Altenpflegeheim St. Barbara, das über mehr als 100 Dauerpflegeplätze verfügt. Es bietet darüber hinaus in 24 Wohneinheiten betreutes Wohnen an.

Alte, in gelb-roter Klinkerbauweise errichtete Fabrikationshalle der Firma Otto Kaiser.

Noch heute erinnert das schmiedeeiserne Logo an die Firma Kaiser.

Blick von der Kirche Herz Mariä über das Rockentalviertel im Vordergrund. In der Bildmitte von links nach rechts die Rischbachschule, das ehemalige Zechenhaus der Rischbachanlage, das Gewerbegebiet Grubenstollen und am rechten Bildrand die ehemalige Waschkaue und die Steigerhäuser. In der oberen Bildhälfte das Musikantenviertel, links oberhalb die 3 Hochhäuser westlich der Josefstaler Straße.

Ehemaliges Verwaltungsgebäude der Firma Otto Kaiser.

Die 1973 nach den Plänen des St. Ingberter Architekten Hanns Schönecker fertiggestellte Rischbachschule.

Die Mariensäule wurde von der Jugend der drei Saardekanate gestiftet und 1955 eingeweiht.

Neben der Mariensäule weihte der Bischof von Speyer 1957 die Kirche Herz Mariä.

Der Südosten

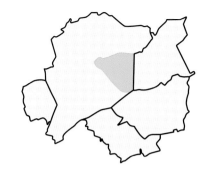

Dort wo die Zunge einer harten Buntsandsteinschicht das Dreieck zwischen Kaiser- und Blieskasteler Straße einnimmt und eine markante Anhöhe bildet, stehen zwei Wahrzeichen St. Ingberts, welche die Silhouette der Stadt weit bekannt gemacht haben: Die St. Josefskirche und der Beckerturm. Beide profitieren in ihrer Ausstrahlung von der Geländestufe der Hobelshöhe, an deren Rand schon eine mittelalterliche Burg gestanden haben soll.

Mitte des 19. Jahrhunderts hatte die beschleunigte Industrialisierung die Zahl der Katholiken so stark anwachsen lassen, dass die St. Engelbertskirche die Gläubigen nicht mehr fassen konnte, und

Der Beckerturm, eingerahmt von Fertigungshallen und Verwaltungsgebäuden der 1997 geschlossenen Brauerei, die jetzt einen Innovationspark beherbergen. Hier sind 125 Firmen mit über 300 Beschäftigten ansässig. Dahinter im Süden zeigt sich die Neubaukulisse des Hobels und die Buntsandsteinstufe. In der unteren Bildhälfte die lückenlosen, beidseitigen Häuserzeilen der Kaiserstraße, nur unterbrochen von der Auffahrt zum Brauereigelände. Auf der südlichen Straßenseite einzelne Beispiele alter, früher zweigeschossiger Arbeiterbauernhäuser, die hier in Zentrumsnähe aber meistens aufgestockt sind. Die nördliche Seite der Kaiserstraße weist nach Abriss von Altbauten mehrere Apartmentbauten auf. Am Zugang zum Brauereigelände stehen aufwendig in Sandsteinquadern errichtete Wohnhäuser der Brauereibesitzer.

Weiher mit Feuchtbiotop in der
Gustav-Clauss-Anlage.

Der renaturierte Großbach (Rohrbach)
in der Gustav-Clauss-Anlage.

Blick aus der Gustav-Clauss-Anlage auf den
wiederaufgebauten Glockenturm der St. Josefskirche.

man sich entschloss, eine neue, größere Kirche zu bauen. Diese wurde in roten Sandsteinquadern errichtet, die man in Steinbrüchen am Schafkopf, am Rothenkopf und am Kahlenberg gewinnen konnte. Die Einweihung des in neogotischem Stil erbauten Gotteshauses, das zu den größten im Bistum Speyer zählt, erfolgte 1893.

250 Meter nordöstlich von St. Josef stehen in ähnlich beherrschender Lage wie die Kirche die Gebäude der ehemaligen Bierbrauerei Becker. Diese war 1877 gegründet worden und wuchs durch Erwerb weiterer ortsansässiger Brauereien innerhalb eines halben Jahrhunderts zu einer Großbrauerei, deren 1927 errichteter Sudturm, der Beckerturm, ebenfalls zu einem Wahrzeichen der Stadt geworden ist. Der Standort der Brauerei konnte günstiger nicht sein: Die Lage auf dem Buntsandsteinfelsen garantierte einen sicheren Baugrund, in den Felsen konnten drei Kellerstockwerke mit z.T. selbsttragenden Stollengewölben für Aufbereitungsanlagen und zum Lagern von Bierfässern gegraben werden. Zudem ist der Buntsandstein ein idealer Regenwasserfilter und Grundwasserspeicher, aus dem sich ein Brunnen der Brauerei speiste; ein weiterer Brunnen befand sich in der Talaue des Großbachs, in der heutigen Gustav-Clauss-Anlage.

Für die freie Zugänglichkeit beider Standorte mussten in der oberen Kaiserstraße ältere Häuser weichen; sie wurden ersetzt durch Treppenaufgänge und eine Zufahrtsrampe. Daneben war die Straße in der ersten Hälfte des 19. Jahrhunderts von kleinen Arbeiter- und Arbeiterbauernhäusern gesäumt, zu denen sich Fuhr- und Handwerksbetriebe sowie Gaststätten gesellten. Bereits 1826 eröffnete August Heinrich Weigand auf dem Höfchen die erste Apotheke in St. Ingbert samt Stallung und Scheune.

Nördlich der Kaiserstraße waren die Siedlungsmöglichkeiten durch die sumpfige Talaue des Großbachs (Rohrbachs) stark eingeschränkt. Dies führt auch heute noch, vor allem seit die Brauerei keinen Brunnen mehr zur Grundwasserentnahme betreibt, zu

Die in Fachwerk errichtete Gartenfront der Alten Brauerei von der Gustav-Clauss-Anlage aus aufgenommen. Dahinter, etwas durch Bäume verdeckt, der Turm der St. Josefskirche.

Im Vordergrund die Gustav-Clauss-Anlage, begrenzt von den langen, aber schmalen Gartenparzellen der Häuser der Kaiserstraße, welche das Bild quert. In der Mitte der oberen Bildhälfte das Brauereigelände, rechts daneben die St. Josefskirche. Am linken Bildrand das Neubaugebiet des Hobels, das nach Süden überleitet zu den jüngeren Wohnvierteln, die sich bis zum Fuß von Rothen- und Schafkopf erstrecken. In der rechten oberen Bildecke isoliert der Große Stiefel.

Nutzungs- und Gestaltungsschwierigkeiten in der Gustav-Clauss-Anlage, der grünen Lunge der Stadt.

Neben der Kaiserstraße zeigten die Blieskasteler Straße und die südlichen Nebensträßchen schon vor 1850 eine dichtere Bebauung, ebenfalls mit einfachen Arbeiter- und Arbeiterbauernhäusern. Dies erklärt sich mit ihrer Funktion als wichtigste Verbindung nach Hassel und ins Würzbachtal. Eine zusätzliche Bedeutung erhielt die Straße durch die 1918 im Südosten der Stadt errichtete Vopelius-Wentzel'sche Glashütte, zu der sie die kürzeste Verbindung vom Stadtzentrum aus bildete. In der Folge ließen sich viele Glashüttenarbeiter in ihr und ihrem Umfeld nieder. Die sogenannten Glasspatzen konnten ihren Durst in immer mehr Gaststätten löschen, so dass die Straße in den 1960er Jahren die höchste Kneipendichte in St. Ingbert aufwies. 1975 musste die Hütte ihren Betrieb aus Rentabilitätsgründen einstellen und die Produktion an den Niederrhein verlagern, wo die Rohstoffe billiger angeliefert werden konnten, und ein größerer Absatzmarkt vorhanden war.

Heute befinden sich auf dem alten Glashüttengelände kleinere Gewerbebetriebe und ein Baumarkt, dessen Architektur die Außenhaut der ehemaligen Produktionsanlage nachempfindet. Das übrige Areal profitiert wie das benachbarte Gewerbegebiet Im Schiffelland/Pottaschwald von der nahen Anschlussstelle der A6 und von einem eigenen Industriegleis.

Fast vollständig erhalten hat sich nördlich des alten Werksgeländes die geschlossene Siedlung (Kolonie) der Glashüttenarbeiter aus den 1920er Jahren. Östlich der Blieskasteler Straße erstreckt sich das größte Gewerbegebiet der Stadt auf dem ehemaligen Standort der Reifenfabrik Kléber Colombes. Hier haben sich klein- und mittelständische Unternehmen angesiedelt.

Auf dem Hügel zwischen Blieskasteler Straße, Ost- und Kaiserstraße wurden seit Ende der 1970er Jahre die Neubaugebiete Hobels I und II ausgewiesen. Unter Berücksichtigung der Geländegestaltung und der Bedürfnisse vor allem junger Familien erstellten hier Siedlungsgesellschaften Eigentumswohnungen und Mietwohnkomplexe neben Einfamilienhäusern. Im Zentrum dieses geschlossenen Wohngebietes befinden sich Sport- und Spielplätze sowie ein Kindergarten.

Vom ehemaligen Brauereigelände aus bildet die Kaiserstraße eine Bilddiagonale in Richtung Rohrbach. Zwischen aufgestockten und ausgebauten Häusern sind noch alte, einstöckige Arbeiterhäuser aus dem 19. Jahrhundert auszumachen. Die linke obere Bildhälfte zeigt hinter den Häusern der Kaiserstraße lange, mit Bäumen durchsetzte Gärten, die an die Gustav-Claus-Anlage und das Mühlwaldstadion grenzen. In der linken oberen Ecke sind die Gartenstraße, der Neunkircher Weg und die Spieser Landstraße zu erkennen, in der rechten oberen Bildecke die Straße Am Mühlwald und »das blau«.

Die nördliche Häuserzeile der Kaiserstraße vom ehemaligen Brauereigelände in Richtung Stadtzentrum. Das gelbe Haus mit Rundbogen über der Hofeinfahrt in der Bildmitte bildet die Straßenseite der »Alten Brauerei«, deren Gebäude in der ersten Hälfte des 19. Jahrhunderts erbaut wurden.

Wohnhaus der Brauereibesitzer, aus Sandsteinquadern mit dreistöckigem Erker und verzierten Dach-ausbauten. Errichtet zweite Hälfte des 19. Jahrhunderts. 1912–13 nach den Plänen von Arthur Kratzsch umgebaut und erweitert.

Das Wohnhaus mit Erker von Karl Becker wurde 1910 ebenfalls nach dem Entwurf von Arthur Kratzsch errichtet.

Der Gebetsraum der Eyüp-Sultan
Moschee in St. Ingbert, Kaiserstraße,
mit ihrem Imam.

Das »Höfchen« in der Kaiserstraße. Hier eröffnete der Hofapotheker des Grafen Löwenstein-Wertheim,
August Heinrich Weigand, 1826 die erste Apotheke in St. Ingbert. Um konkurrenzfähig zu bleiben, verlegte
sein Sohn 1881 die Apotheke ins Ortszentrum (Adlerapotheke). Das »Höfchen« gehörte später dem Augen-
arzt Dr. Deuchler. Nach gründlicher Restaurierung wird es heute als Bürohaus genutzt, in seinen Räumen
befindet sich auch ein Jazz-Club.

Der 41 Meter hohe Sudturm der ehemaligen Becker-Brauerei. Dieser »Beckerturm« wurde 1925–28 nach dem Entwurf von Hans Herkommer in Stahlbetonbauweise errichtet. Das einprägsame Äußere des 9 Stockwerke umfassenden Turms ist über die Landesgrenzen hinaus bekannt als Logo auf Bierflaschen, Gläsern und Bierdeckeln. Besonders die unterschiedlich großen Kuben der einzelnen Stockwerke mit dem obersten und kleinsten Kubus für das Braustübel und die Fünfergruppen hoher, schmaler Fenster in den unteren Stockwerken sorgen für eine Auflockerung der Betonflächen. Die Höhe des Turmes ergab sich aus technischen Gründen im Betriebsablauf: Das Malz wurde bis zum 8. Stockwerk hochgepumpt und fiel dann ohne weiteren Energieverbrauch zu den einzelnen Aufbereitungsanlagen.

»Biergott« Gambrinus neben der Auffahrt zur ehemaligen Brauerei. Ursprünglich an der Fassade der Gambrinushalle aufgestellt.

Der Sudraum mit den Kupferpfannen.

Blick vom Beckerturm nach Südwesten auf die nach Südosten ausgerichtete St. Josefskirche. Diese wurde 2007 durch ein Großfeuer schwer beschädigt, der Dachstuhl brannte völlig aus, der Turmhelm stürzte ein und alle Glocken bekamen Risse. Nach dem Wiederaufbau wurde die Kirche 2011 mit neuen Glocken und renovierter Orgel wieder in Dienst genommen.

Hauptschiff mit Chor und Seitenschiffen der St. Josefskirche. Die von dem Mainzer Architekt Ludwig Becker entworfene Kirche hat einen Baustil, der sich an der Frühgotik orientiert, was sich vor allem in ihren breiten, aber für gotische Verhältnisse nicht sehr hohen Gewölben zeigt. Bei einer Gesamtlänge von über 50 Metern kann der Raum so über 3000 Menschen aufnehmen.

Glasmalereien:
links »Sanct Eligius«,
rechts »Sanct Ingobert«.

Erinnerungen an »Alt-St. Ingbert« in der Hobelsstraße.

Das Luftbild zeigt am unteren Rand noch die Gustav-Clauss-Anlage, an die sich die von Bäumen durchsetzten Gartenparzellen der Kaiserstraße anschließen. Diese quert die Bildmitte. Auf die Hausgärten der anderen Straßenseite folgt die Hobelsanhöhe mit Einzelhausbebauung auf der linken Seite, mit Wohnblocks und Apartmenthäusern weiter rechts. Die Neugasse und Gebäude des Innovationsparks bilden die rechte Bildbegrenzung. Parallel zum oberen Bildrand verläuft die bewaldete Buntsandsteinstufe. Blick nach Südosten.

Blick über den Hobels mit Einzelhausbebauung (links) und Apartment-häusern (rechts) auf den Innovationspark am Beckerturm. Links neben diesem das Stadtzentrum und die westlichen Industrieareale. Nördlich davon Rockental, Musikantenviertel und Josefstaler Straße. In der rechten Bildhälfte: Gustav-Clauss-Anlage, Gartenstraße, Neunkircher Weg, Alter Friedhof, Roter Flur und Kreiskrankenhaus. Am Horizont links Neuweiler, rechts Kraftwerk Weiher.

Das neue Verwaltungs- und Betriebsgebäude der Stadtwerke. Das von Architekt Gerlando Giarizzo entworfene Gebäude setzt die hohen Umweltstandards der Stadtwerke in die Praxis um: Bei mehr als 1800 m² Nutzfläche hat der Neubau nur den Wärmebedarf eines Einfamilienhauses.

Blick vom Hobels nach Südosten zum Rothenkopf und Kahlenberg. Im Vordergrund Einzelhausbebauung mit relativ großen Gärten. Am rechten Bildrand »die Meß«. In der oberen
Bildhälfte die Gewerbegebiete Pottaschwald, Schiffelland, Glashüttengelände und links der
Blieskasteler Straße das ehemalige Kléber-Colombes-Areal. In die Bildmitte schiebt sich von
links ein Keil des »Auwaldes«.

Wie eine Insel, eingerahmt von einem Grüngürtel, von der Oststraße und Blieskasteler Straße, erscheint die Arbeitersiedlung der ehemaligen Vopelius-Wentzel'schen Glashütte. Die 1920 von Architekt Alois Lech geplante Siedlung besteht aus zwei Zeilen eingeschossiger Reihenhäuser, die in Fünferblocks angeordnet sind. Zweigeschossige Eckbauten und vorge-

lagerte, halbrunde Türmchen lockern das Fassadenbild auf. Neben der Siedlung moderne Ein- und Mehrfamilienhäuser sowie Apartmentanlagen. Die schnurgerade Eisenbahnstrecke trennt die Siedlung von einem Baustoffwerk. Am oberen Bildrand das Gewerbegebiet Rohrbach-Süd.

Blick vom Rothenkopf auf das Gelände der ehemaligen Glashütte. In der Bildmitte der Neubau eines Baumarktes, dessen Architektur die ehemalige Glashütte nachbildet: Der Grundriss ähnelt dem einer Kirche: Am Schnittpunkt von Lang- und Querhaus, in der Vierung, standen der Schmelzofen und die Ziehtürme. Das Langhaus umfasste die »Streckhütte« und das Schneidehaus. Im Bild oberhalb des Baumarktes und der Oststraße die höher gelegene Glashütten-siedlung.

Straßenzeile der Glashüttensiedlung.

Roter Flur und Schüren

Schon die Straßennamen im nördlichen Stadtviertel Roter Flur machen deutlich, dass hier die Medizin einen Schwerpunkt hat: Behring, Roentgen, Robert Koch, Virchow und andere. Der Kneipp-Verein betrieb bereits in den 1920er Jahren auf dem Roten Flur ein Luft- und Sonnenbad. 1927 wurde hier ein Kranken-

haus mit 100 Betten eröffnet. Es bildete den Kristallisationskern der Siedlung zwischen Elversberger Straße und Dr. Schulthess-Straße. Die Bautätigkeit begann schon in den 1930er Jahren, nahm aber erst nach dem Zweiten Weltkrieg stark zu, wobei auch Wohnungsbaugesellschaften auf städtische Initiative hin Mietwoh-

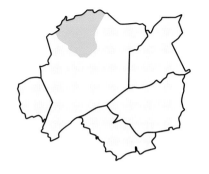

Das alte Krankenhaus, erbaut 1927.

Blick auf den Roten Flur vom Elsterstein aus, Richtung Osten. Links im Vordergrund das alte Krankenhaus, in der Mitte der Gesundheitspark, zum Teil noch im Bau, rechts unten die Elversberger Straße, in der Bildmitte die Wohnsiedlung. Der Turm von St. Pirmin ist am Waldrand in der Mitte erkennbar.

nungen erstellten. Mit der Ausdehnung der Siedlung über den Rabenstein hinaus verschwand eine frühere Barackenanlage mit Notunterkünften. Das wachsende Wohngebiet erforderte eigene öffentliche Einrichtungen. Im Jahr 1952 wurde die von Albert Boßlet gebaute St. Pirminiuskirche eingeweiht, 1954 kam die Albert-Weisgerber-Schule hinzu, 1958 der katholische Kindergarten. Die Kirche dient heute nicht mehr als Pfarrkirche, sondern nach einem Umbau als Kindertagesstätte.

Nachdem 1964 der Neubau des Kreiskrankenhauses in Betrieb genommen worden war, diente das alte Gebäude zunächst als Schwesternheim. Heute beherbergt es verschiedene therapeutische Einrichtungen und ist Teil des neu entstehenden Gesundheitsparks, der zahlreiche medizinische Leistungen im Verbundsystem anbieten möchte.

Auf der anderen Seite der Elversberger Straße, im Elstersteinpark, wurde 1960 das Altersheim Mathildenstift eingeweiht. An

Das Kreiskrankenhaus besteht seit 1964, es wurde seither mehrfach erweitert und modernisiert.

der Stelle von Schloss Elsterstein, der Residenz der Eisenwerksbesitzer Krämer, das 1938 samt Gelände von der Stadt St. Ingbert erworben worden war, befindet sich seit 1970 das DRK-Kurheim für Mutter und Kind oder Vater und Kind.

Am südlichen Rand des Roten Flurs liegt der jüdische Friedhof, er diente der jüdischen Gemeinde ab 1886 als Begräbnisstätte. Während des Zweiten Weltkriegs wurde er geschändet und schließlich völlig zerstört. Der damalige Bürgermeister, Dr. Norbert Schier, verfügte die Einlagerung der Grabsteine und ließ den Friedhof einebnen. Ab 1949 wurden einzelne Steine auf Veranlassung von Familienangehörigen der Verstorbenen wieder aufgestellt, 1951 ließ die Stadt den Friedhof neu anlegen und alle noch vorhandenen Steine wieder errichten.

Nach Süden schließt sich der Alte Friedhof an, der sich von der Stadtmitte her in verschiedenen Abschnitten immer weiter hangaufwärts ausgedehnt hat. Im untersten und ältesten Teil steht die Laur'sche Kapelle, die älter ist als der Friedhof. Sie wurde 1742 neben einer Quelle erbaut, dem sogenannten Häälichebrunne, bei der der Heilige Ingobertus im 6. Jahrhundert als Missionar gelebt haben soll. Die Kapelle war bei der Anlage des Friedhofs um 1820 bereits baufällig, sie wurde bei der Friedhofserweiterung 1857 vergrößert und 1858 neu geweiht. Obwohl der Friedhof mehrfach umgestaltet wurde, erzählen viele Grabsteine durch die Inschriften und ihren Stil von der Geschichte der Stadt. 1938 wurde die letzte Erweiterung vorgenommen und die neue Kapelle an der Dr. Schulthess-Straße eingeweiht.

Im Süden grenzen der Friedhof und die Stadtgärtnerei an den Neunkircher Weg, der parallel zur Gartenstraße von der Stadtmitte nach Nordosten in Richtung Mühlwald verläuft. Die Gartenstraße war ursprünglich ein Großgartengelände für wohlhabende Bewohner des Stadtzentrums, die hier einen Pflanzgarten besaßen oder pachten konnten. Beide Straßen entstanden ab etwa 1895 durch zügige Bebauung. Karl Uhl berichtet, dass bis 1903 in der Gartenstraße 67 Häuser für über 100 Familien entstanden waren, in denen sich Schmelzer, Bergleute, Handwerker und kleine Geschäfte ansiedelten.

Heute sind die Gartenstraße und der Neunkircher Weg wie auch der Rote Flur überwiegend Wohngebiete mit einer geringen Anzahl an Gewerbebetrieben. Die großen Waldflächen im Westen und Norden erhöhen die Attraktivität des Viertels.

Folgt man den Waldwegen aus dem Elstersteinpark nach Norden, so gelangt man bald nach Schüren, einem Weiler im Wald am Rand des Ruhbachtals. Schüren entstand wohl aus einem Forsthaus mit Landwirtschaft. Da sowohl Wasser wie auch ton- und lehmhaltiger Boden vorhanden waren, entstand 1783 eine Ziegelhütte, die über 120 Jahre lang produzierte. Zwei Gasthäuser dienten nicht nur den pendelnden Bergleuten und Glasbläsern zur Einkehr, sondern machten Schüren zu einem beliebten Ausflugsziel, zumal der in Bayern günstigere Bierpreis bis 1919 viele preußische Gäste aus Sulzbach und Elversberg über die nahegelegene Grenze lockte. Obwohl die Gastronomie zurzeit auf ein Haus reduziert ist, erfreut sich Schüren vieler Besucher, die den Wald zu sportlicher Betätigung nutzen oder im Naturschutzgebiet Ruhbachtal Spaziergänge am Auwald genießen oder Vögel beobachten.

Luftbild mit dem gesamten Krankenhauskomplex

Der Weiher im Elstersteinpark

Haus Elsterstein, ein DRK – Kurheim für Mutter und Kind, steht an der Stelle des früheren Schlosses Elsterstein.

In der Bildmitte Haus Elsterstein, rechts davon das Seniorenheim Mathildenstift.

Park und Eingangsbereich des Mathildenstifts.

Am unteren Bildrand die Kaiserstraße, parallel dazu verlaufen in der Bildmitte
die Gartenstraße und der Neunkircher Weg, im Hintergrund der Rote Flur.

Die Albert-Weisgerber-Schule, erbaut 1954,
heute eine von vier Grundschulen in St. Ingbert.

St. Pirmin, heute eine Kindertagesstätte

*Der 1951 wiedererrichtete jüdische Friedhof
an der Dr.-Schulthess-Straße.*

Die Laur'sche Kapelle auf dem Alten Friedhof.

Die Reste der Grabmäler der Eisenwerksbesitzerin Sophie Kraemer (1798 – 1858) und ihrer Familie.

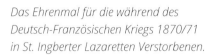

Das Ehrenmal für die während des
Deutsch-Französischen Kriegs 1870/71
in St. Ingberter Lazaretten Verstorbenen.

Das Grabmal der Familie Oskar Kraemer.

Impressionen vom Friedhof.

Die neue Friedhofskapelle an der Dr.-Schulthess-Straße mit dem Kriegsgräbern des Ersten Weltkriegs.

Blick nach Westen auf Schüren.

Der Schürer Weiher.

Mühlwald

Die Mühlwaldsiedlung entstand seit 1950 auf dem leicht zum Rohrbach abfallenden Südhang östlich der Spieser Landstraße. Das ursprünglich fast ganz mit Wald bestandene Gelände, das nahe der ehemaligen Obermühle lag, daher der heutige Name, konnte erst als Wohngebiet erschlossen werden, nachdem die Stadt die Waldfläche vom Land zur Baulandgewinnung erhalten hatte. Die Besiedlung erfolgte in diesen Nachkriegsjahren zuerst durch Selbsthilfeorganisationen. 1949 wurde der «Gemeinnützige Ketteler- Verein der Katholischen Pfarrgemeinden St. Ingbert e.V.» ins Leben gerufen. Dieser sah es als seine Aufgabe an, seinen Mit-

Das 2005 eröffnete Hallenbad »das blau« ist ein Familienbad mit Sportbecken, Röhrenrutsche, Strömungskanal, Sprudelbecken und Whirlpool. Neben einer kindgerechten Wasserlandschaft umfasst »das blau« einen Wellnessbereich mit finnischer Sauna und Dampfbad.

Der Blick geht über das östliche Mühlwaldviertel und den Gebrannten Wald nach Nordosten bis zur Spieser Höhe. Rechts unten eine Ecke der Außenanlage des »blau«, links daneben die erste Straße des Viertels, die Mühlwaldstraße, mit noch recht großen Gartenparzellen. Am nordöstlichen Siedlungsrand St. Michael und die ehemalige Mühlwaldschule.

gliedern Wohneigentum in Gemeinschaftsarbeit zur Verfügung zu stellen. Jedes Mitglied musste etwa 4000 Arbeitsstunden für die Gemeinschaft einbringen, wodurch sich die normalen Baukosten um die Hälfte reduzieren ließen. 1954 waren im Mühlwaldviertel bereits 102 Häuser, überwiegend in Doppel- und Reihenhausbauweise, fertiggestellt. Ein zweiter Ketteler-Verein errichtete zwischen 1954 und 1962 weitere 155 Häuser. Hierfür trat der Staatsforst zusätzliches Gelände zur Bebauung ab. Seit 1950 wur-

den dem «Kriegsopferbauring» noch Freiflächen zur Besiedlung zur Verfügung gestellt und die Stadt selber führte in der Peter-Eich-Straße zwei Wohnungsbauprogramme durch. Sie initiierte auch weitere Bauvorhaben durch die Gemeinnützige Baugenossenschaft Saarland bzw. die Gemeinnützige Saarländische Wohnungsbau GmbH. Nach der ersten Straße, der heutigen Straße «Am Mühlwald», erhielten die neu angelegten Straßen die Namen der sog. Waldstreiter, die sich im Waldprozess der Gemeinde

St.Ingbert gegen die Herrschaft von der Leyen im 18. Jahrhundert besonders engagiert hatten: Peter Eich, Peter Reif, Michel Bosche, Johann Adam Peters, Hanspeter Hellenthal, Johann Jacob Ostheimer, Claude und Henrich Henrion, Hanspeter Greß, Hansgörg Kiefer und Jacob Rauber. Die etwas isoliert im Nordosten der Stadtmitte gelegene neue Wohnsiedlung erforderte die Schaffung öffentlicher Einrichtungen. Sie war überwiegend katholisch und gehörte in den ersten Jahren ihrer Entstehung zur Pfarrei St. Pirmin. 1967 erhielt sie an ihrem Ostrand eine eigene Pfarrkirche, St. Michael, deren Architekturstil ein Zelt nachempfindet. Es folgten neben diesem wegweisenden Gotteshaus der Bau eines Jugendheimes und, etwas westlich davon mitten in der Wohnbebauung, eines Kindergartens. Östlich der Kirche errichtete man für die Kinder der jungen Siedlung eine eigene Schule, die Mühlwaldschule. Mit dem Älterwerden der ersten Siedlergeneration sank die Zahl der schulpflichtigen Kinder, was zur Schließung des Schulbetriebs führte. Heute werden die Räumlichkeiten vom Landesinstitut für Präventives Handeln genutzt, das in seinem Veranstaltungsangebot von

der günstigen Lage am Waldrand und von der Nähe zu Naturschutzgebieten profitieren kann.

Zwischen der Straße Am Mühlwald und dem Rohrbach erstreckt sich das großzügig gestaltete Gelände des Hallen- und Freibades «das blau»,

das nach den jüngsten Modernisierungen eine starke Anziehungskraft auch auf die benachbarten Gemeinden und Städte ausübt. Westlich der Wasserwelt folgt eine Minigolfanlage sowie der Sportplatz Obermühle. Dieser Hartplatz wurde 1953 vom

Sportverein St.Ingbert ausgebaut. Westlich davon, jenseits der Spieser Landstraße, liegt das 1954 eingeweihte Mühlwaldstadion, das über ein Rasenspielfeld, ein Kleinspielfeld und über alle Anlagen verfügt, die Leichtathletikwettbewerbe erlauben.

In den fünfziger Jahren erwies sich der alte Friedhof als nicht mehr erweiterungsfähig, weshalb man im Wald der Kohldell, nordwestlich der Spieser Landstraße, Waldgelände für einen neuen, weitläufigen Friedhof bereitstellte. Die ersten Grabstätten

Architekt der Kirche St. Michael war Hanns Schönecker. Über einem achteckigen Grundriss erhebt sich ein bis auf den Boden reichendes zeltförmiges Dach. Auf dem freistehenden Glockenturm hängt eine denkmalgeschützte Glocke von 1868. Die ehemalige Mühlwaldsschule hinter der Kirche beherbergt das Landesinstitut für Präventives Handeln.

Im Inneren rufen die warmen Farbtöne des Holzes und das grüne Glas der Fenster zusammen mit der halbkreisförmigen Anordnung der Kirchenbänke um den Altar den Eindruck des Zeltes Gottes hervor.

unter den alten Buchen und Eichen legte man 1959 an, die Friedhofshalle wurde 1967 eingeweiht.

Der hohe Freizeitwert des Mühlwaldviertels erklärt sich in erster Linie durch die Nachbarschaft zum ausgedehnten Gebrannten Wald mit seinen Wander- und Radwegen, zu einem Trimm-Dich-Pfad und zum Wombacher Weiher, der vom Angelsportverein zu einer Oase der Erholung ausgebaut worden ist. Bekannt gemacht hat ihn im weiten Umkreis das seit 1968 vom Angelsportverein St.Ingbert organisierte Fischerfest. Dieses Zeltfest zwischen Weiher, Wiesen und Wald lockt mit Musikveranstaltungen und reichem kulinarischem Angebot, wobei natürlich Fischgerichte eine große Rolle spielen, jedes Jahr zahlreiche Besucher an. Der Untergrund des sich östlich des Mühlwaldviertels erstreckenden breiten Muldentals des Rohrbaches ist mit seinen Buntsandsteinschichten ein sehr guter Wasserspeicher. Als solcher hat das Tal eine zentrale Bedeutung für die Trinkwasserversorgung St.Ingberts. Zahlreiche Tiefbrunnen liefern ihr Wasser an das Wasserwerk, das es zu den Hochbehältern auf den umliegenden Höhen leitet. Das St.Ingberter Trinkwasser wird für seine vorzügliche Qualität sehr geschätzt und die Stadt und ihre Bewohner werden sehr darum beneidet. Es verwundert nicht, dass das Rohrbachtal zusammen mit dem Glashüttental seit 1990 als Naturschutzgebiet ausgewiesen ist. In diesem soll die Auenlandschaft des Rohrbachs und Kleberbachs einschließlich der Talhänge besonders geschützt werden, insbesondere die Feucht- und Nasswiesen, die Seggenriede, Hochstaudenfluren, Röhrichte, Weidengebüsche und Erlen-Bruchwälder mit ihrer Flora und Fauna.

Die Einsegnungshalle des Waldfriedhofs wurde 1967 eingeweiht.

Der Wombacher Weiher wird nicht nur vom Angelsportverein genutzt, mit seiner reichen Ufervegetation und Fauna ist er auch ein beliebtes Ziel für Naturliebhaber und Wanderer.

Die Hütte des Angelsportvereins lädt mit ihren Außenanlagen Jung und Alt zu Rast und Entspannung ein.

An den sumpfigen Stellen des Rohrbachtals sieht man im Spätsommer die blühenden Rohrkolben. Aus den Blättern stellte man früher Flechtwaren her. Für Bach und Ort waren sie namengebend.

Im Bildvordergrund das Naturschutzgebiet Rohrbachtal mit dem mäandrierenden Bach und brachgefallenen Feuchtwiesen, die noch alte Entwässerungsgräben zeigen. Der Blick geht über die West-Ost nach Rohrbach führende Kaiserstraße, Mähwiesen und den Stadtwald zur bewaldeten Buntsandsteinstufe mit dem Kahlenberg im Süden.

Rohrbach

Dort, wo sich das Scheidterbachtal zur St. Ingbert-Kaiserslauterer-Senke und zur Bliesniederung weitet, hat sich Rohrbach mit fast 7.000 Einwohnern zum nach St. Ingbert-Mitte zweitgrößten Stadtteil entwickelt. Hierfür waren sowohl geologisch-morphologische als auch historische Faktoren verantwortlich. Die relativ weichen Gesteinsschichten des Mittleren Buntsandsteins konnten durch den Rohrbach und seine Zuflüsse leicht ausgeräumt werden. Im Talgrund überwiegen deshalb unter Naturschutz stehende Sümpfe mit Bruchvegetation. Der höher gelegene Bereich bis hin zur südlichen Steilstufe des Oberen Buntsandsteins mit dem

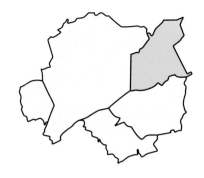

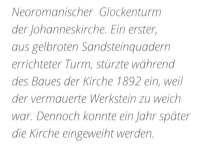

Neoromanischer Glockenturm der Johanneskirche. Ein erster, aus gelbroten Sandsteinquadern errichteter Turm, stürzte während des Baues der Kirche 1892 ein, weil der vermauerte Werkstein zu weich war. Dennoch konnte ein Jahr später die Kirche eingeweiht werden.

In der Bildmitte, an der Südseite der Oberen Kaiserstraße, die hier in weitem Bogen nach Südosten führt, die St. Johanneskirche. Unterhalb der Kirche zweigen die Hochstraße und die Straße An dem Hochrech von der hier in dichten Zeilen bebauten Oberen Kaiserstraße ab. In der linken Bildhälfte parallel zur Oberen Kaiserstraße die Jugendheimstraße. Am Horizont links die Bliesniederung und rechts die Buntsandsteinstufe.

Kahlenberg bot günstigeren Siedlungsraum. Parallel zum Fuße der Schichtstufe verlief schon eine Römerstraße, später folgten die napoleonische Kaiserstraße, die Eisenbahnlinien sowie die Bundesautobahn ebendieser West-Ost-Richtung.

Die Siedlungsentwicklung Rohrbachs sollte immer von seiner Lage zu den Verkehrswegen geprägt sein. Zwar wird Rohrbach schon 1181 zum ersten Mal urkundlich erwähnt, doch entscheidend erwies sich seit dem 16. Jahrhundert die Zugehörigkeit zur Herrschaft Zweibrücken. Am Nordwestrand des Zweibrücker Territoriums erlangte der Ort vor allem Bedeutung durch den Holzeinschlag im St. Ingbert-Kirkeler-Waldgebiet, die Köhlerei und die Herstellung von Pottasche. Diese wurden zusammen mit den im Buntsandstein reichlich vorhandenen Quarzsanden und den Wasserläufen wichtigste Standortfaktoren für die entstehenden Glashütten. Neben der westöstlich verlaufenden Kaiserstraße kam dem Weg nach Zweibrücken besondere Bedeutung zu, wohingegen die Verbindung zu den Orten des Saarkohlenwaldes erst mit dem verstärkten Abbau der Steinkohle in Stollen und Tiefbauschächten interessant wurde. An den Grenzen

Nördliche Seite der Oberen Kaiserstraße. Lückenlose Häuserzeile, repräsentative zwei- und dreistöckige Häuser mit zum Teil aufwendigen Tür- und Fensterumrahmungen aus Sandstein. Betonung der Tür- und Fensterstürze durch neoklassizistische Stilelemente. Links Dachausbau mit Blendgiebel. An der Straßenkreuzung gewerbliche Nutzung der Erdgeschosse.

Südseite der Oberen Kaiserstraße. Lückenlose Bebauung. Im Erdgeschoss teilweise geschäftliche Nutzung. Betonung der Straßenecke durch Erker mit Pyramidendach.

Die ehemalige Kaiserliche Posthalterei wurde 1810 an der Postlinie Mainz–Paris eingerichtet.

zu den benachbarten von der Leyen'schen und nassau-saarbrückischen Territorien mussten Zollstöcke passiert werden, an denen die Landesherren für Rohstoffe und Fertigprodukte Zölle erhoben. Hier bildeten sich Fuhr- und Transportstationen, aus denen sich mit der Zeit ein Straßendorf entlang der Kaiserstraße entwickelte, dessen Zentrum dort lag, wo die Wege in die Seitentäler abzweigen. Hier ließ sich 1762 auch die Kaiserliche Reichspost, die von den Thurn und Taxis betrieben wurde, nieder. Als bevorzugtes Baumaterial erwies sich der Sandstein der harten Bänke des Oberen Buntsandsteins, der in Steinbrüchen am Kahlenberg gebrochen werden konnte und für Fundamente, Ecksteine, Fenster- und Türumrahmungen begehrt war. Er prägt heute noch die Fassaden aufwendig gebauter Häuser der Gründerjahre und der ersten Jahrzehnte des 20. Jahrhunderts, als Rohrbach in der Kaiserstraße ein kleinstädtisches Gepräge mit Geschäften des täglichen Bedarfs, Gastgewerbe und Dienstleistungsangeboten erhielt. Häuser der Berg- und Hüttenarbeiter, die nach St. Ingbert pendelten, verdichteten die Bebauung entlang der Kaiserstraße mit Arbeiter- und Arbeiterbauernhäusern. Der Bau der Eisenbahnlinien lockte Industriebetriebe an den Fuß des Kahlenbergs und in den Pfeiferwald. Nach dem Zweiten Weltkrieg entstanden neue Gewerbe- und Industrieflächen im Westen und besonders im Bereich der Anschlussstelle der Kaiserstraße an die Autobahn A6 im Osten. Als Ergebnis der Ansiedlungserfolge weist der Stadtteil eine hohe Zahl von Berufseinpendlern auf. Folge davon waren ein stetiger Bevölkerungsanstieg seit den 1930er Jahren und eine rege Bautätigkeit. Es entstand nördlich der Kaiserstraße die Waldsiedlung am Tummelplatz, die nach dem Zweiten Weltkrieg von einer Neusiedlergemeinschaft erweitert wurde. Weitere Wohngebiete bildeten sich in den Straßen In den Königswiesen, Am hohen Wald, Am Mühlenwäldchen und im Pfeiferwaldgebiet.

Die steigende Bevölkerungszahl erforderte die Schaffung öffentlicher und kirchlicher Einrichtungen. Bereits 1880 wurde das Wiesentalschulhaus eingeweiht, dann 1932 die Pestalozzi-Schule und schließlich 1963 die Johannes-Schule. Die St. Johanneskirche wurde noch Ende des 19. Jahrhunderts errichtet, die St. Konradskirche in Basilikastil passt sich ihrer modernen Umgebung an. Der Zuzug vieler Protestanten ließ den Bau eines eigenen Gotteshauses wünschenswert erscheinen. Die Gemeinde stellte auf dem Franzosenkopf einen Bauplatz zur Verfügung, der Kirchenbau war 1937 vollendet. Nach einem Brand konnte die Kirche 1953 als Christuskirche wieder eingeweiht werden. Etwas abseits der Kaiserstraße, zum Rohrbach hin, entstanden die Rohrbachhalle und der Festplatz.

Das schönste Naherholungsgebiet St. Ingberts, der Glashütter Weiher, wurde noch vor der Gebiets- und Verwaltungsreform 1968/69 künstlich im Kleberbachtal angelegt. Nach und nach ergänzten Lindenbrunnen, Liegewiese, Schutzhütte, Grillplatz und Kneippbecken das Freizeitangebot um die drei Hektar große Wasserfläche, das nicht nur von Einheimischen, sondern auch von Gästen des näheren Umlandes gern in Anspruch genommen wird.

Brunnenanlage (Quellstein) von Paul Schneider am Festplatz. Gelb-grauer Granit aus Flossenbürg (Oberpfälzer Wald). «Eine vielteilige, feierliche Stufenanlage zur Vermittlung von Wasser und Sonne» (L. Dittmann).

Das ehemalige Rohrbacher Rathaus wurde 1966 in Dienst gestellt. Seit 1974 befand sich die Verwaltung der Stadtwerke in dem durch die Gebiets- und Verwaltungsreform freigewordenen Gebäude.

Ehemaliges Schwesternhaus in der Alten Schulstraße aus dem Jahre 1906. Die Plakette auf der Fassade gibt die Hauptbeschäftigungen an, denen man in dem Haus nachging: Orationi, Labori (Beten, Arbeiten).

Blick nach Norden auf das Zentrum Rohrbachs. In der rechten Bildmitte die 1932 im Wohngebiet »Auf dem Hochrech« fertiggestellte Pestalozzischule. Die obere Bildhälfte quert die Kaiserstraße in einem weiten Bogen. Darüber links die Rohrbachhalle, rechts im Grüngürtel die Johannesschule.

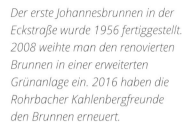

Der erste Johannesbrunnen in der Eckstraße wurde 1956 fertiggestellt. 2008 weihte man den renovierten Brunnen in einer erweiterten Grünanlage ein. 2016 haben die Rohrbacher Kahlenbergfreunde den Brunnen erneuert.

Die Christuskirche auf dem Franzosenkopf. 1936 fand die Grundsteinlegung der »Saardankkirche« statt, die 1953 nach einem Brand neu erstellt und als Christuskirche eingeweiht wurde.

Am 27.9.1793 gelang es dem preußischen Obristen Blücher, die französischen Revolutionstruppen vom Franzosenkopf zu vertreiben. Längerfristig siegten aber die Franzosen. Das linke Rheinufer blieb unter französischer Herrschaft bis zum Ende der napoleonischen Kriege 1815.

Blick nach Nordosten über die St. Ingberter Flurstraße mit der St. Konradskirche und die schnurgerade Austraße hinweg bis zur Waldsiedlung. Die Obere Kaiserstraße mit ihrer dichten Bebauung quert in zwei langgezogenen Krümmungen die obere Bildhälfte. Zwischen ihr und der Spieser Landstraße das an Baumbewuchs erkennbare Tal des oberen Rohrbachs.

Der Grundstein für die Kahlenberghütte wurde 1957 gelegt. Das Material für den Holzbau stammte von einem Blockhaus der Firma Heckel am Fuße des Kahlenbergs. Die Eröffnung erfolgte 1958. 1967 fand das erste Bergfest statt. 1973 wurde die Hütte erweitert, da ein Sessellift eine größere Anzahl von Besuchern auf den Kahlenberg brachte.

Das Bild zeigt links unten im »Diedesbühl« das neue Festo Kompetenzzentrum für den Kunststoff Polymer, darüber, in Richtung Westen, das Hochhaus der Gesellschaft für Förderanlagen Ernst Heckel, die später in der Firma Pohlig-Heckel-Bleichert (PHB) aufging. In der rechten oberen Bildecke das Gewerbegebiet Rohrbach-Süd. Am Horizont St. Ingbert-Süd. Jenseits der Autobahn A6 der Kahlenberg.

Das Gewerbegebiet Rohrbach-Süd grenzt an die Autobahn und ist über die Parallelstraße direkt mit der Anschlussstelle St. Ingbert-Mitte verbunden. Darüber am rechten Bildrand Rohrbach mit der St. Konradskirche. Am oberen Bildrand von rechts nach links Spiesen, Elversberg, Mühlwald, Roter Flur mit Kreiskrankenhaus, darüber die Kühlturmwolke des Kraftwerks Weiher.

Die Festo-Werke Rohrbach sind der größte Produktionsstandort des Esslinger Unternehmens. Sie spezialisieren sich seit über 40 Jahren auf Automatisierungstechnik und produzieren pneumatische und elektronische Antriebe. Darüber hinaus entwickelt Festo die Einsatzmöglichkeiten von Polymeren (Kunststoffen) weiter. Jenseits der das Bild querenden Autobahn A6 sieht man das Lernzentrum der Firma. Festo beschäftigt in Rohrbach etwa 3.000 Mitarbeiter. Am Horizont im Osten erkennt man vor der Buntsandsteinstufe Kirkel.

Nach der Übernahme der »Katharina-Hütte« von L. Ehrhardt und G. Schmidt im Jahre 1906 durch die Firma Ernst Heckel wurden für die von Saarbrücken nach Rohrbach übergesiedelten Facharbeiter fünf Doppelhäuser erbaut. Die traufständigen Häuser in der Mühlenstraße zeichnen sich durch ihre Mansarddächer mit Dachausbauten und giebelseitige Eingänge aus.

Die Rohrbacher Mühle steht nahe dem Zusammenfluss von Rohr- und Kleberbach. Ihre Anfänge gehen ins 16. Jahrhundert zurück. Seit 1750 war sie die Bannmühle für die Rohrbacher Bauern. In den 1890er Jahren wurde die Mühle neu gebaut und erweitert. 1895 wurde der Antrieb wegen unzureichender Wasserzufuhr auf eine Dampfmaschine umgestellt. Seit 1906 ruhte der Betrieb. Danach befanden sich in der Mühle nacheinander eine Feilenhauerei, eine Seifensiederei, eine Kettenfabrik, später Sozialwohnungen.

2014 gingen die ehemaligen Mühlengebäude in den Besitz eines deutsch-polnischen Ehepaares über. In den Räumen wird jetzt Sprachunterricht abgehalten und es finden Ausstellungen und Konzerte im Rahmen der Deutsch-Polnischen Gesellschaft statt.

Das «Gasthaus zur Rohrbacher Glashütte» geht auf einen Hof zurück, der Mitte des 18. Jahrhunderts auf dem Gelände der aufgelassenen Rohrbacher Glashütte errichtet wurde. Das heutige Haus, erbaut 1876, beherbergt bereits die dritte Gaststätte dieses Namens.

Der Kleberbach unterhalb der Rohrbacher Mühle.

Das Naherholungsgebiet des Glashütter Weihers.

140 *Rohrbach*

Der Lindenbrunnen im Wald oberhalb des Glashütter Weihers.

Die Marienkapelle auf dem Geistkircherhof, erbaut 1896 von Peter Wirtz in der Nähe der Wüstung Fronsbach. 1901 wegen des Baus der Eisenbahnlinie in der Nähe der Oberen Kaiserstraße neu errichtet.

Im Naturschutzgebiet Glashüttental.

Der »Winkelstein« nördlich des Glashütter Weihers, Grenzstein zwischen Pfalz–Zweibrücken und Nassau–Saarbrücken.

Hassel und seine Höfe

Hassel, heute eine dörfliche Wohngemeinde von etwa 3.400 Einwohnern, weist uralte Siedlungsspuren auf. Geschichtlich fassbar wird es erstmals im Jahr 1230 in einer Urkunde des Klosters Wörschweiler.

Jahrhundertelang kämpfte der arme Weiler um seine Existenz, was die *Haseler* veranlasste, Fastnachts- und Kirmesbräuche zu entwickeln, die sicherlich den Tatbestand des Mundraubs erfüllten. Der Ruf des Örtchens war in der Umgebung daher nicht der beste, wie Hilar Luck über sein geliebtes Heimatdorf berichtet. Als Gründe für die Armut galten die wenig ertragreichen Böden des mittleren Buntsandsteins und die häufig wechselnden Feudalherren mit ihren Konflikten und Forderungen. Schwierige Zeiten,

Die evangelische Jugendstil-Kirche in Hassel, erbaut nach Plänen von Architekt Ludwig Wagner aus Passau, geweiht am 11. Oktober 1908.

Der Lindenbrunnen auf dem Marktplatz erinnert an die drei Linden, die den alten Dorfmittelpunkt markierten, aber 1958 dem Straßenverkehr weichen mussten.

Der Kuckucksbrunnen an der Ecke Neuhäuselerstraße und Eisenbahnstraße, 1989 errichtet, erhebt den Kuckuck, ein alter Spitzname für die Hasseler, zum Wappentier des Dorfes.

Das ehemalige Rathaus am Marktplatz, erbaut 1956, dient heute als Sitz der Ortsverwaltung, der VHS und der Heimatstube.

Blick über Hassel nach Osten, im Vordergrund die Luisenstraße, im Mittelpunkt die katholische Kirche, im Hintergrund rechts von der Mitte die evangelische Kirche, in der rechten Bildhälfte das Ortszentrum, am rechten Bildrand die Rittershofstraße.

wie etwa der Dreißigjährige Krieg, führten zum völligen Untergang des Ortes.

Als niedere Ortsherren werden ab dem 13. Jahrhundert die Edelknechte Schorr von Hasel, Dienstmannen der Burg Kirkel, genannt, die 1720 zu Freiherren von Schorrenburg aufstiegen. Vom 12. bis zum 16. Jahrhundert gehörte Hassel zu der Pfarrei Fronsbach, deren Kirche auf dem Gelände des Geistkircher Hofes stand.

1431 gelangte Hassel zusammen mit der Burg Kirkel in den Besitz der Herzöge von Pfalz-Zweibrücken. Es war Jakob Schorr von Hasel, der als Landschreiber in Zweibrücker Diensten ein Gutachten über die neue Lehre Martin Luthers verfasste und seinem Herrn die Übernahme der Reformation empfahl. Sie wurde 1526 in Pfalz-Zweibrücken als erstem linksrheinischem Gebiet eingeführt, womit Hassel zur protestantischen Gemeinde Kirkel kam.

Solange die Adelsherrschaft bestand, änderte sich an den harten Lebensbedingungen der Bauern in Hassel kaum etwas. Die Zukunftsaussichten wurden erst unter der bayerischen Herrschaft ab 1816 besser, da die Errungenschaften der Französischen Revolution – Rechtsgleichheit, Gewerbefreiheit und Mitspracherechte – auch unter der neuen Herrschaft bewahrt blieben und sich in der folgenden Friedensperiode allmählich durchsetzten.

Die katholische Herz-Jesu-Kirche, erbaut 1929.

Das Haus der evangelischen Stadtmission in der Eisenbahnstraße, eingeweiht 1912.

Der Griesbach oder Stockweiherbach zwischen Hassel und dem Griesweiher.

Im 19. Jahrhundert gab es in Hassel ein Musterbeispiel für Innovation und Fortschritt, verkörpert durch Felix Villeroy, geboren 1792 in Metz, gestorben 1881 auf dem Rittershof in Hassel. Felix Villeroy, dessen Onkel Nicolas der Mitbegründer der Mettlacher Steingutfabrik Villeroy & Boch war, wurde zunächst Jurist, dann Soldat und nahm als Offizier an den Feldzügen Napoleons I. in den Jahren 1813 bis 1815 teil.

1821 übernahm Felix Villeroy den Rittershof von seinem Vater Pierre-Placide, der das Gut seinerseits 1804 von Georg Esebeck gekauft hatte, nachdem die Feudalherrschaft im Zuge der Französischen Revolution beseitigt worden war. Zum Rittershof gehörten damals die Rittersmühle, der Glashütterhof (heute Gut Ettental), der Altenhof, der Triebscheiderhof und der Geistkircherhof. Die Güter waren in schlechtem Zustand, die Gebäude verfallen, die Talwiesen versumpft, die Wege unbrauchbar. Felix Villeroy machte es sich zur Lebensaufgabe, den Rittershof in ein landwirtschaftliches Mustergut zu verwandeln, obwohl er dazu zunächst keine fachlichen Kenntnisse mitbrachte. Er schaffte Großvieh an, um mit dem Mist die Felder düngen zu können, durch Entwässerung machte er die Wiesen für die Viehhaltung fruchtbar, Lesesteine dienten zur Befestigung der Wege. Er pflanzte Obstbäume, experimentierte mit Fruchtsorten und Fruchtfolgen. Er beschäftigte sich mit der Zucht von Kaltblutpferden, um starke Arbeitstiere zu haben, kreuzte Rinderrassen, züchtete Schafe und Schweine, wobei er auch Rückschläge durch eingeschleppte Tierseuchen hinnehmen musste.

Der technische Fortschritt war ihm ebenfalls wichtig: Er führte neue Arbeitsgeräte und Maschinen ein. 1828 erwarb er eine in Nancy gebaute Dreschmaschine, die er 1862 mit Dampfantrieb aufrüstete. Daneben schrieb er zahlreiche Bücher und Aufsätze für landwirtschaftliche Fachzeitschriften, war Mitglied in landwirtschaftlichen Berufsverbänden in Bayern, Luxemburg und Frankreich. Auf der Weltausstellung in Paris 1855 wurde er von Napoleon III. für seine Leistungen mit dem Orden der Ehrenlegion ausgezeichnet.

Felix Villeroy hat sich auch als liberaler Politiker hervorgetan. Er setzte sich im Vormärz für die Pressefreiheit ein, 1847 wurde er als liberaler Abgeordneter in den bayerischen Landtag gewählt, wo er allerdings nur ein Jahr blieb. Er sprach zwar korrekt deutsch, kam aber mit dem bairischen Dialekt nicht zurecht. Sein Aufenthalt in München führte zu der Freundschaft mit dem berühmten Chemiker Justus Freiherr von Liebig, der ihn oft auf dem Rittershof besuchte, und der dort um 1853 den Stickstoffkreislauf erforschte. Die Hasseler Höfe bestehen noch heute überwiegend als moderne landwirtschaftliche Betriebe.

Felix Villeroy, Franzose von Geburt und bayerischer Politiker und Landwirt, hat für die Entwicklung der modernen Landwirtschaft über die Grenzen hinweg in der Großregion Entscheidendes geleistet, in einer Zeit, als sich auf der politischen Ebene die nationalen Gegensätze verschärften.

Hassel erlebte im 19. Jahrhundert einen ersten Aufschwung, besonders als 1895 der Eisenbahnanschluss zur Verfügung stand. Damit wurden für Hasseler Bürger die industriellen Arbeitsplätze in der Region leichter zugänglich. Am Anfang des 20. Jahrhunderts beschleunigte sich der

Bulte der Steifen Segge im Griesweiher.

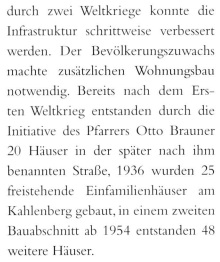

Der Griesweiher.

Fortschritt rasant. Hassel wurde im Jahr 1902 selbständige Gemeinde und wandelte sich zum Arbeiter-Bauerndorf, die Einwohnerzahlen stiegen (1885: 497 Einwohner, 1900: 1.218 Einwohner, 1948: 2.800 Einwohner). Endlich bekam der Ort seine eigenen Kirchen: 1908 wurde die evangelische Kirche eingeweiht, wegen der Einwirkungen des Ersten Weltkriegs konnte die katholische Herz-Jesu-Kirche erst 1929 fertiggestellt werden. 1922 erhielt Hassel elektrisches Licht, 1927/8 eine eigene Wasserleitung und einen Abwasserkanal. Trotz der Rückschläge durch zwei Weltkriege konnte die Infrastruktur schrittweise verbessert werden. Der Bevölkerungszuwachs machte zusätzlichen Wohnungsbau notwendig. Bereits nach dem Ersten Weltkrieg entstanden durch die Initiative des Pfarrers Otto Brauner 20 Häuser in der später nach ihm benannten Straße, 1936 wurden 25 freistehende Einfamilienhäuser am Kahlenberg gebaut, in einem zweiten Bauabschnitt ab 1954 entstanden 48 weitere Häuser.

Hassel ist heute nicht nur ein beliebtes Wohngebiet, wozu nicht zuletzt der Autobahnanschluss und die Arbeitsplätze in St. Ingbert und Rohrbach beitragen. Wegen seiner schönen Wälder hat es einen hohen Freizeitwert, vor allem für Wanderer und Mountainbiker.

Der Griesweiher.

Der Geistkircher Hof

In seiner Nähe lag der schon vor dem Dreißigjährigen Krieg untergegangene Ort Fronsbach. Bei den Resten der alten Pfarrkirche entstand 1730 der Hof. Im Tal hinter dem Hof fließt der Fronsbach oder Geißbach zum Würzbacher Weiher. Ursprünglich hieß der Bach aber Gauchbach, nach dem alten Wort Gauch für Kuckuck, der der Spitzname für die Hasseler geblieben ist. Aus Gauch wurde Geißbach und Geißkirch. Auf dem Geistkircher Hof hält Familie Beck heute Rinder, Schweine und Hühner und vermarktet die Produkte im eigenen Hofladen. Ziegen und Esel erfreuen große und kleine Besucherinnen und Besucher des Hofes.

Der Triebscheider Hof

Das Gelände auf der Anhöhe zwischen dem Griesweiher und dem Geißbach gehörte ab 1821 zum Besitz Felix Villeroys. Er verkaufte es nach 4 Jahren zusammen mit dem Geistkircherhof und verschiedenen anderen Besitzungen an den Zweibrücker Advokaten Friedrich Schuler, der dann das Herrenhaus auf dem Triebscheid erbaute. Der Hof erlebte häufige Besitzerwechsel. Seit 2012 hat Familie Kolb aus St. Ingbert hier ein ansehnliches modernes Reitsportzentrum eingerichtet.

Rittershof I

Der Rittershof war das Zentrum der landwirtschaftlichen Modernisierungsaktivitäten Felix Villeroys. Die Gedenktafel wurde an seinem hundertsten Todestag 1981 von dem saarländischen Wirtschaftsminister Werner Klumpp enthüllt. Auf dem Hof verbrachte auch Napoleons Pferd El Fayoum, der ausgemusterte »Hengst von Austerlitz«, den Felix Villeroy erworben hatte, seinen Lebensabend. Heute werden hier wieder Pferde gehalten. Das schön restaurierte Hofgut wurde durch einige moderne Gebäude ergänzt und dient Familie Schwamm als Wohnsitz.

Rittershof II

Die Alte Schäferei auf dem Glashütter Berg wurde von Felix Villeroy errichtet, der hier bis zu 400 Schafe hielt. Sie gilt als ältestes Gebäude in Hassel. Die übrigen Gebäude entstanden ab den 1930er Jahren. Seit 1982 führt Familie Eberl den Hof als Schweinemastbetrieb mit Futteranbau und Rinderhaltung.

Hof Hochscheid

Der Hof, 1932 gegründet, ist der älteste biologisch-dynamisch bewirtschaftete Hof des Saarlandes. Seit 1990 betreibt Herr Michael Bitsch den Hof nach den Demeter-Richtlinien mit den Schwerpunkten Gemüseanbau, Haltung von Mutterkühen und Getreideanbau. Die Wanderhütte auf Hochscheid mit guter Bewirtung und regelmäßigen Sommerkonzerten macht den Hof zu einem beliebten Ausflugsziel.

Gut Ettental

Um 1700 befand sich auf dem Gelände eine Glashütte, die aber schon 1737 außer Betrieb war, daher der alte Name Glashütter Hof. Das heute schön renovierte Herrenhaus wurde um 1840 von Felix Villeroy erbaut, der hier unter anderem Pferdezucht betrieb. 1906 erwarb Vizeadmiral Ferdinand Herwarth Schmidt von Schwind das Gut, das 1912 in Ettental umbenannt wurde. Familie von Schwind unterhält heute dort einen forstwirtschaftlichen Betrieb.

Vom Seyenplatz zum Schafkopf

Südlich der Bahnlinie beginnen mit der Seyenanlage die »grünen« Wohngebiete, wie üblich die älteren in Zentrumsnähe, die neueren am Stadtrand. Ihre Struktur wird topographisch vorgegeben durch einen flachen Höhenrücken, der nach Südwesten von der Albert-Weisgerber-Allee und der Wiesenstraße parallel begleitet

wird. Das Gebiet südlich des Seyenplatzes war bis zur Mitte des 20. Jahrhunderts weitgehend unbebaut, abgesehen von dem ersten Teil der Wiesenstraße und der 1875 weit draußen vor der Stadt errichteten Pulverfabrik der Gebrüder Martin, die bis 1939 Jagd-, Spreng-, und Feuerwerkspulver herstellte, und einiger Häuser

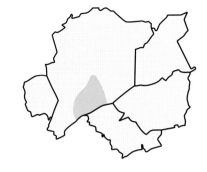

Im unteren Mittelfeld dominiert das Leibniz-Gymnasium in der Koelle-Karmann-Straße. Vom linken Bildrand diagonal zur Mitte verläuft die Albert-Weisgerber-Allee mit der Seyenanlage als Fortsetzung. Im Hintergrund sind von Mitte links nach rechts die Baumwollspinnerei, die Josefskirche und der Beckerturm zu erkennen. Am unteren Bildrand rechts sieht man das Kulturhaus, darüber quert die Annastraße das Bild. Vom rechten Bildrand verlaufen die Römerstraße und die Wiesenstraße diagonal zur Bildmitte.

in ihrem Umfeld. Nur der Name Pulvermühlweg ist geblieben. Das Wohnhaus des Dr. Karl Martin samt Park in der Annastraße wurde später von der Stadt erworben und dient heute als Kulturhaus. Es steht in unmittelbarer Nachbarschaft des Klosters, das Kapuzinermönche aus Bayern auf dem Hügel über der »Lehmkaul« Anfang des 20. Jahrhunderts gründeten. Die dazugehörige St. Franziskus-Kirche wurde 1907 geweiht. Sie war nicht nur eine beliebte Beichtkirche vor der Stadt, die Patres übernahmen nach und nach auch die gesamte Gemeindeseelsorge. Nach der Auflösung des Klosters wegen Personalmangels im Jahr 1966 kamen Herz-Jesu-Missionare aus Hiltrup und betreuten die Pfarrei. Die kleine Klosterkirche wurde durch einen Anbau zur Pfarrkirche erweitert und 1968 neu geweiht.

In unmittelbarer Nähe des Klosters ließ der Kapuzinerpater Cyprian Fröhlich 1910 für das von ihm gegründete Seraphische Liebeswerk das Fidelishaus erbauen. Das imposante neobarocke Gebäude diente sowohl als Exerzitienhaus unter der Leitung Pater Cyprians wie auch als Heim für notleidende, verlassene Kinder, die von Mallersdorfer Ordensschwestern betreut wurden. Während des Ersten Weltkriegs wurde das Gebäude als Lazarett genutzt. 1924/25 errichtete man neben dem Fidelishaus das Bruder-Konrad-Haus als Unterkunft für die Kinder. Das Fidelishaus erhielt 1925/26 einen Anbau zur Unterbringung auswärtiger Schüler des gleichzeitig entstehenden Gymnasiums. 1975 wurden die drei erwähnten Einrichtungen geschlossen und beide Häuser zu Seniorenwohnheimen umgebaut. Das Bruder-Konrad-Haus ist inzwischen durch einen Neubau an gleicher Stelle ersetzt worden.

Der Altbau des heutigen Leibniz-Gymnasiums entstand 1926/27, nachdem die alte Lateinschule in der Kohlenstraße, zwischenzeitlich zum Progymnasium avanciert, den Anforderungen eines Vollgymnasiums nicht mehr gewachsen war. Die Architekten Krüger und Stoll passten das Gebäude des neuen Reformrealgymnasiums in der »Krummfur« dem Verlauf der Straße an, was ihm seine markante Krümmung verlieh. Am 10. Sept. 1927 wurde das Haus seiner Bestimmung übergeben.

Die Seyenanlage entstand südlich der Bahnlinie um die Wende zum 20. Jahrhundert. Durch eine Pflanzaktion des Rotary Clubs Sankt Ingbert verschönern bunte Frühlingsblüher den Platz.

Die Neubauten des Leibniz-Gymnasiums an der Albert-Weisgerber-Allee. Davor ein Denkmal für Gefallene des Ersten Weltkriegs aus dem Jahr 1932, auf dem auch an den 1915 gefallenen Maler Albert Weisgerber erinnert wird.

Die Neubauten des Leibniz-Gymnasiums, die 2012-2015 erstellt wurden, ermöglichten nach der Renovierung des Altbaus 2016 die Zusammenführung aller Schulklassen an einem Standort.

Das Kulturhau oder Dr.-Karl-Martin-Haus, in der Annastraße dient heute als Veranstaltungsort und bietet der VHS Unterrichtsräume. Teile des Parks sind zu einem Biosphärengarten umgestaltet worden.

Die Wohnbebauung nahm mit der Bevölkerungszahl auch in den südlichen Stadtteilen besonders nach dem Zweiten Weltkrieg stark zu, sodass der Bau einer Volksschule für die wohnortnahe Versorgung notwendig wurde. Die Südschule am Klosterhang wurde nach den großzügigen Plänen von Architekt Köhl in zwei Trakten gebaut wegen der damals noch üblichen Geschlechtertrennung. Der erste Teil wurde 1962 eingeweiht, der zweite 1965. Zur Ausstattung gehörte außer der Turnhalle sogar ein Lehrschwimmbecken.

Schließlich wurde 1970/71 in der Wolfshohl auch eine zweite evangelische Kirche in St. Ingbert gebaut, die Christuskirche. Das unauffällige Gebäude mit Flachdach wurde 1993/94 nach Umbauplänen von Architekt Jürgen Dittmar erweitert und mit einem Schrägdach versehen. Ein freistehender Glockenturm vervollständigt seit 2004 das Ensemble. Im Inneren der Kirche gelang durch die neugeschaffenen Lichtverhältnisse, die sorgfältige Wahl und Platzierung weniger Kunstwerke, besonders aber durch

die Fenster des Glaskünstlers Johannes Schreiter aus Langen ein perfekter meditativer Raum.

Die Wohngebiete des St. Ingberter Südens waren wegen ihrer großzügigen Anlage und der guten Verkehrsanbindung so begehrt, dass der verfügbare Raum zwischen Autobahn und Ensheimer Straße

Ende der 1970er Jahre nahezu aufgebraucht war. Man ging zur Verdichtung über und setzte mit drei Hochhäusern bei der ehemaligen Pulvermühle und einem in der Dr.-Schier-Straße einen damals umstrittenen städtebaulichen Akzent am südlichen Stadtrand.

Im Park des Kulturhauses: Bronzeguss-Plastiken des saarländischen Bildhauers Hans Schröder (1930-2010), der Albert-Weisgerber-Preisträger des Jahres 1982.

Auf der Wiese vor dem Kulturhaus: Landschaftswürfel mit Ordnungslinien, 2000-2001, eine Skulptur aus Granit von Paul Schneider, dem Albert-Weisgerber-Preisträger des Jahres 2000.

Vom Seyenplatz zum Schafkopf

Das ehemalige Kapuzinerkloster mit der St. Franziskuskirche.

Das St. Fidelishaus, seit 1979 Seniorenwohnheim der AWO, links daneben das Pflegeheim »Bruder-Konrad-Haus«.

*Im Park des
St. Fidelishauses.*

*Die Nordseite des
St. Fidelishauses.*

Die protestantische Christuskirche in der Wolfshohlstraße.

Im Innern der Christuskirche das vor der Wand schwebende Kreuz und der kreuzförmig geteilte Altar aus Impala, einem afrikanischen Granit, beides gestaltet von Rolf Bodenseh.

Die Südschule zwischen St.-Fidelis-Straße und Wiesenstraße ist eine von zurzeit 4 Grundschulen der Stadt, in der ca. 290 Schüler von 19 Lehrkräften unterrichtet werden.

Das Luftbild zeigt mit Blickrichtung Westen links unten das Bruder-Konrad-Haus, darüber den dicht bebauten Klosterhang. Die Albert-Weisgerber-Allee verläuft von der rechten unteren Bildecke diagonal durch das Bild. Am linken oberen Rand erhebt sich der Große Stiefel, davor das Hochhaus in der Dr.-Schier-Straße. Parallel zur Albert-Weisgerber-Allee verläuft rechts die Ensheimer Straße, gut erkennbar das Gebäude des Fraunhofer-Instituts, dahinter das Wallerfeld-Sportgelände und die Saar-Pfalz-Sporthalle, weiter zur Bildmitte die St. Konradskirche.

Das Luftbild mit Blickrichtung Süden zeigt am linken Bildrand den Schafkopf. In dem scharfen Einschnitt zwischen Berg und Siedlung verlaufen die Autobahn und die Südstraße. Zwischen der Südstraße (links) und der Albert-Weisgerber-Allee (rechts) findet sich vielfältige Wohnbebauung zu beiden Seiten des Grünstreifens auf der Anhöhe. Im Hintergrund rechts dominiert der Große Stiefel, links daneben geht der Blick bis nach Sengscheid und ins Grumbachtal zur Autobahnbrücke.

Oberwürzbach

Dem Fremden, der die letzten Hochhäuser von St.Ingbert hinter sich gelassen hat und ins enge Würzbachtal fährt, Reichenbrunn linker Hand liegen lässt und die Hauptstraße in Oberwürzbach erreicht, werden in den ersten Kurven die ehemaligen Bauernhäuser auffallen. Und auf der rechten Straßenseite ist die Skulptur eines Sämanns nicht zu übersehen. Dann erblickt er an der Abzweigung der Straße nach Ommersheim neben einem Brunnen einen Maulesel. Wer jetzt neugierig geworden ist und den Parkplatz bei der Oberwürzbachhalle aufsucht, wird schließlich von einer mit Steinkohle gefüllten Lore begrüßt. Diese drei Symbo-

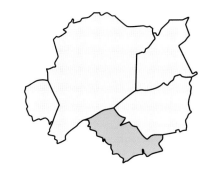

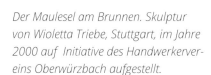

Der Maulesel am Brunnen. Skulptur von Wioletta Triebe, Stuttgart, im Jahre 2000 auf Initiative des Handwerkervereins Oberwürzbach aufgestellt.

Wie die Oberwürzbacher zu ihrem Spitznamen kamen (2001).

Die 1923 konsekrierte und nach dem Zweiten Weltkrieg erweiterte Herz-Jesu-Kirche. Daneben ein zweistöckiges, ursprünglich landwirtschaftlich genutztes Quereinhaus mit rundbogiger Toreinfahrt zum Wirtschaftsteil. Fenster, Tür und Tor sind aufwendig mit Sandstein umrahmt.

Die 2003 eingeweihte Skulptur des Sämanns von Wioletta Triebe, vor einem 1765 erbauten Bauernhaus. Der Sämann weist auf die von der Landwirtschaft bestimmte Vergangenheit Oberwürzbachs hin.

Rundbogig eingewölbte und mit Sandstein gefasste, stilvoll restaurierte Toreinfahrt des Quereinhauses hinter dem Sämann. Die kleinen, ebenfalls mit Sandstein umrahmten Fenster links und rechts daneben gehörten ursprünglich zu den Ställen.

le stehen für die Siedlungsentwicklung von Oberwürzbach, die geprägt wurde einmal durch die Ortslage im wasser- und waldreichen Buntsandsteingebiet, zum anderen durch die grundherrschaftliche Ausrichtung nach Blieskastel und zu der Muschelkalkhochfläche des Bliesgaus. Wegen seiner fruchtbaren, waldarmen Böden wurde dieser schon früh besiedelt, während die ärmeren Böden des Buntsandsteins im Würzbachtal erst später, in der mittelalterlichen Ausbauzeit, (8. – 11. Jahrhundert) landwirtschaftlich erschlossen wurden. Eine besondere Bedeutung kam den Mischwäldern des St.Ingbert - Kirkeler Waldgebiets zu, die vor der bergmännischen Gewinnung der Steinkohle das benötigte Brennmaterial lieferten.

Zwar werden Oberwürzbach im 12., Reichenbrunn im 13. und Rittersmühle im 17. Jahrhundert urkundlich erwähnt, die eigentliche Besiedlung Oberwürzbachs begann aber erst nach den Verwüstungen des Dreißigjährigen Krieges, und zwar von den Gaudörfern Ommersheim und Ensheim aus. Den Wegen zu

diesen kam deshalb zunächst eine größere Bedeutung zu als einer Straße talabwärts. Die Landstraße zwischen St.Ingbert und Lautzkirchen wurde erst Ende des 18. Jahrhunderts für Fuhrwerke ausgebaut.

Die ersten Bauernhäuser standen dort, wo das enge Würzbachtal sich nach Süden zu ins Steckental weitet. Sie waren wohl in Fachwerkbauweise errichtet und bildeten einen Wohnplatz mit dem regellosen Grundriss eines Haufendorfes, das schon den kurvigen Verlauf der heutigen Hauptstraße vorgezeichnet hat. Die weitere Dorfentwicklung erfolgte einzeilig entlang der Straße talabwärts in Richtung Rittersmühle.

Die Ackerflur der ersten Bauern war eingeengt durch die Sümpfe und Brüche des Talgrundes auf der einen Seite sowie die Wälder der felsigen Talflanken auf der anderen Seite. Nur über steile Waldwege gelangte man zur Muschelkalkhochfläche, auf deren guten Böden hohe Erträge erzielt wurden. In der sumpfigen Au des Würzbaches erstreckten sich, wie noch in der Gegenwart, Bruchwie-

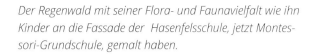

Der Regenwald mit seiner Flora- und Faunavielfalt wie ihn Kinder an die Fassade der Hasenfelsschule, jetzt Montessori-Grundschule, gemalt haben.

Turnhalle der Schule am Hasenfels.

sen, durchsetzt von Buschwerk; daneben hatte man Fischweiher aufgestaut, ebenso den Teich der Rittersmühle. Waren die Äcker an den Hängen überwiegend parallel zu den Höhenlinien angelegt, so wurden die Wiesenparzellen vom Würzbach zerschnitten.

Das nördlich des Würzbaches liegende Reichenbrunn wies Anfang des 18. Jahrhunderts wohl nur ein bäuerliches Anwesen auf, aus dem sich ein kleiner Weiler entwickelte, der auf Ensheimer Bann lag. Wie Oberwürzbach erlangte er größere Bedeutung wegen seiner Wälder. Die Glashütten, Eisenschmelzen und Kalkbrennereien in der Umgebung benötigten vor Einführung des Steinkohlekokses immer mehr Holzkohle zum Beheizen ihrer Öfen, der Transport zu ihnen erforderte den Wegeausbau, Lasttiere (Maulesel) wurden ersetzt durch Pferdegespanne.

Nach und nach suchten viele Bauern zusätzlichen Erwerb in den Bergwerken und Eisenhütten, die Landwirtschaft wurde schließlich nur noch nebenberuflich ausgeübt. Die alten Fachwerkhäuser wichen Bauernhöfen in Bruch- und Naturstein, der vor Ort, an der Grenze Buntsandstein/Muschelkalk

in dicken Bänken abgebaut werden konnte. Es entwickelte sich der Typ des Arbeiterbauernhauses, bis heute noch gut erkennbar an Fenster und Türumrahmungen aus Sandstein und rundbogigen Toreinfahrten für den Heuwagen. Mit zunehmender Mobilität durch Bus- und Autoverkehr trat im 20. Jahrhundert die landwirtschaftliche Funktion immer mehr in den Hintergrund, entsprechend änderte sich das Siedlungsgefüge: Reine Wohnhäuser schoben sich zwischen die Arbeiterbauernhäuser, die ihrerseits vielfältige Umbauten erfuhren. Eine

Siedlungsachse verband auf der linken Seite des Würzbachs Reichenbrunn mit Oberwürzbach, das seinerseits auf dieser Seite eine zweite Straßenzeile parallel zur Hauptstraße entwickelte. Die Herz-Jesu-Kirche wurde 1923 eingeweiht, die St.Chrodegangkirche in Reichenbrunn 1966. Der Altbau der Hasenfelsschule, 1909 errichtet, wurde 1949/50 erweitert und modernisiert. Schließlich schoben sich Bebauungsspitzen auch in die Seitentäler und auf die Hanglagen. Wegen der leichten Erreichbarkeit des Stadtzentrums, des Autobahn-

anschlusses St.Ingbert-West und des Bahnhofs ist der Stadtteil heute bevorzugtes Wohngebiet mit sehr hohem Auspendleranteil. Die Landwirtschaft hat keine Bedeutung mehr. Geschäfte des täglichen Bedarfs und ein Grundangebot an Dienstleistungen finden sich im Ortszentrum an der Hauptstraße. Etwas versetzt zu dieser wurden der Kindergarten und die Oberwürzbachhalle mit Dorfplatz errichtet.

Die Steinkohlenlore vor der 1976 eröffneten Oberwürzbachhalle erinnert an die Bergleute, die in den Gruben des Kohlereviers arbeiteten.

Das Dorfkreuz stand ursprünglich in der Hauptstraße und fand 1972 in der Reichenbrunner Straße einen neuen Standort. Es erinnert an den ohne Oberwürzbacher Menschenverluste überstandenen Krieg 1870/71.

Das Kreuz in der Hauptstraße wurde »zur Ehre Gottes« 1793 von der Gemeinde Oberwürzbach aufgestellt. Das jetzige Kreuz ist eine getreue Kopie des Originalkreuzes, das stark verwittert war.

Mädesüß in der feuchten Aue des Würzbachs, oft als Wiesenkönigin bezeichnet. Die cremeweißen Blüten strömen einen starken Duft aus. Früher wurde Mädesüß als Hausmittel u.a. gegen Rheuma angewandt.

Das Waschhaus wurde 1927 erbaut. Es steht am Eingang zum Laichweihertal

Fischweiher und Anglerhütte im Laichweihertal, Nachfolger der alten herrschaftlichen Fischweiher, die zum Ablaichen und zur Fischaufzucht angelegt worden waren.

Der Eichertsfels mit seiner geräumigen Höhle, die in die weichen Gesteins-schichten des Buntsandsteins hinein gegraben ist, soll schon den Steinzeit-menschen als Unterschlupf gedient haben.

Das Luftbild zeigt die Dorfmitte mit der kurvigen Hauptstraße, die in der oberen Bildmitte an der Kirche vorbeiführt. Hinter der Kirche die Hasenfelsschule vor der Geländestufe der Gauhoch-fläche. Zum linken Bildrand hin quert die Friedhofstraße die Talaue, zum rechten Bildrand hin zweigt die Steckentalstraße mit neuerer Wohnbebauung ab.

Der heutige Oberwürzbacher Ortsteil Rittersmühle hat sich um ein Mühlengehöft des 18. Jahrhunderts entwickelt, dessen Mühlrad vom Würzbach angetrieben wurde. Die Gebäude zeigen noch die ursprüngliche Architektur mit Krüppelwalmdächern, Giebelfachwerk, Fenster- und Türstürze in Segmentbogenform, Sandsteinumrahmungen sowie ein Rundbogentor mit kräftigem Schlussstein.

Die St. Chrodegangkirche in Reichenbrunn wurde in nur drei Monaten in Fertigbauweise erstellt und 1966 eingeweiht. Man betritt das Innere durch ein Portal in dem 11,50 m hohen Glockenturm.

Wir blicken nach Nordosten auf die Würzbachstraße und das Langental. Im Vordergrund die feuchte Würzbachaue, im Hintergrund von links nach rechts Rothenkopf, Mittlerer Berg und Hochscheid.

Die Lourdesgrotte in einer Felsformation des Langentals wurde 1934 eingeweiht. Sie umfasst eine Muttergottesstatue, die der Pilgerverein aus Lourdes mitgebracht hatte und einen Brunnen, dessen Wasser von einer 200 Meter entfernten Quelle kommt. Später wurden ein Altar eingerichtet und Sitzbänke aufgestellt.

Der Würzbach entspringt mit zwei Quellarmen bei Reichenbrunn, durchfließt Oberwürzbach und den Ortsteil Rittersmühle, speist mehrere Fischweiher und den Niederwürzbacher Weiher, bevor er nach 12 Kilometern in die Blies mündet. Im Bereich des Rittertales fließt er durch ein Naturschutzgebiet mit Großseggenrieden, Röhrichten und Weidengebüschen.

Vom Bahnhof nach Sengscheid

Der südwestliche Teil St. Ingberts entwickelte sich entlang einer wichtigen Verkehrsader, der Ensheimer Straße. Sie führt vom Stadtzentrum hinaus ins Grumbachtal, zum Stiefel, dem Hausberg der Stadt, zum Autobahnanschluss St. Ingbert-West, oder über einen steilen Anstieg am sogenannten Staffel auf die Höhen des Bliesgaus und zum Flughafen, oder auch über den Autobahnzubringer zur Universität des Saarlandes.

In den Kindheitserinnerungen des Heimatschriftstellers Karl Uhl (1886–1966) erschien der »Ensheimer Weg« weniger als Tor zur Welt, er bot vielmehr Zugang zu einer der damaligen Attrakti-

Schottische Hochlandrinder im Grumbachtal bei Sengscheid.

Der alte Bahnhof in St. Ingbert, erbaut 1867. Der Weinberg am Bahndamm hält die Städtepartnerschaft mit Radebeul im Stadtbild fest. Zum 20. Jahrestag hat Radebeul nicht nur 99 Muscatbleu-Reben spendiert, eine Abordnung aus Radebeul fördert in jedem Frühjahr das Gedeihen des Weins durch fachkundigen Rebenschnitt. Der Besitzer des italienischen Restaurants im Alten Bahnhof hat seinerseits 99 Reben hinzugefügt, ein großartiges Joint-venture, mit 100 Prozent optischem Gewinn für die Stadt.

onen der Stadt, dem Schmelzerfest unter den hohen Buchen im Schmelzerwald. Dieses Betriebsfest des St. Ingberter Eisenwerks mit damals etwa 2.000 Mitarbeitern überbot – laut Uhl – sogar die Kirmes. In die Geschichte ging die Ensheimer Straße ein, als sie am 20. März 1945 amerikanische Truppen in die Stadt führte, womit das Ende des Zweiten Weltkriegs in St. Ingbert markiert wird.

Die Bahnlinie trennt den Süden vom Stadtzentrum. Im Jahr 1867 wurde St. Ingbert zunächst Endstation der bayerischen Eisenbahnlinie, die von Homburg über Schwarzenacker, Bierbach und Hassel hierher führte. Der »Alte Bahnhof«, heute ein italienisches Restaurant, war das erste Empfangsgebäude. Der heutige Bahnhof wurde erst 1879 mit der Anbindung an die preußische Bahnlinie über Rentrisch

nach Saarbrücken in Betrieb genommen, und erst dadurch war St. Ingbert in das damals wichtigste Verkehrsnetz eingebunden.

Dem Bahnhof gegenüber hat sich in den letzten Jahren das Firmengelände der SAP entwickelt, eine interessante Mischung aus modernster Glas-Stahl-Architektur und perfekt renovierten alten Villen und Wohnhäusern in parkartigem Gelände.

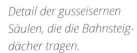

Der heutige Bahnhof von St. Ingbert, eröffnet 1879, ist laut Wikipedia der vielleicht repräsentativste Bahnhof des Saarlandes.

Detail der gusseisernen Säulen, die die Bahnsteigdächer tragen.

Die Jugendstil- Villa Wagner, 1890 von Adolf Wagner, dem Besitzer der Lautzenthal-Glashütte erbaut, war später Jugendherberge (bis 1998). Heute gehört sie samt Park der Firma SAP.

Die Bebauung der Ensheimer Straße im stadtnahen Bereich begann um die Wende vom 19. zum 20. Jahrhundert mit großzügigen Wohnhäusern von Beamten und Lehrern, sowie den Villen einiger Fabrikbesitzer und wird bis heute bis zu den Tankstellen am Ortsausgang von Wohnhäusern dominiert. Der repräsentative Sandsteinbau des Amtsgerichts in Bahnhofsnähe und das Fraunhofer-Institut auf halber Strecke zum Stadtrand bilden die Ausnahmen.

Das Gelände zwischen der Ensheimer Straße und der Bahnlinie bietet Platz für große Schulkomplexe, das zurzeit stark expandierende Berufsbildungszentrum des Saarpfalz Kreises mit beruflichem Oberstufengymnasium, die erweiterte Realschule, die Albert-Schweitzer-Schule und einen Teil des Leibniz-Gymnasiums, dessen Hauptsitz sich in der Koelle-Karmann-Straße befindet. Hinzu kommen die Sportanlagen auf dem Wallerfeld und die Marschollek-Sporthalle.

Auf der anderen Seite der Ensheimer Straße, zur Albert-Weisgerber-Allee hin, befinden sich Wohngebiete, die älteren in Zentrumsnähe, die neueren am südlichen Stadtrand. Hervorzuheben ist hier die Dr.-Wolfgang-Krämer-Straße, die von der Bahnlinie aus in südwestlicher Richtung auf der Höhe eines langgezogenen Hügels verläuft und daher früher Hochstraße hieß. Sie ist benannt nach dem bedeutendsten Geschichtsschreiber der Stadt und weist eine vielfältige, oft reizvolle Bebauung aus dem frühen 20. Jahrhundert auf.

Am Ende der Ensheimer Straße befindet sich nach Westen hin hinter dem großen Wegkreuz die Ein-

Das »Haus im Park«, hier die Vorderansicht, wurde 2011 mit dem Gütesiegel LEED (Leadership in Energy and Environmental Design) des U.S. Green Building Council (USGBC) in »Gold« zertifiziert.

Buchen im Schmelzerwald.

fahrt nach Sengscheid, einem Weiler, der – 1197 erstmals erwähnt – zu Ensheim und damit zur Abtei Wadgassen gehörte. Nach Wolfgang Krämer wurde bei Sengscheid im Winter 1874 der letzte Wolf in der Region erlegt. Vor dem Bau der Autobahn A6 bestand Sengscheid aus ein paar Bauernhöfen und zwei Ausflugslokalen mit schönen Biergärten im ruhigen Grumbachtal, die bessere Verkehrsanbindung förderte die Bautätigkeit, es entstanden außer vielen modernen Wohnhäusern sogar zwei Hotels. Sengscheid ist ein attraktives Ausflugsziel, Radfahrer schätzen das Grumbachtal mit leichtem Gefälle bis Schafbrücke, viele Wanderer zieht es in die Wälder, zu Hänsel und Gretel oder auf den Großen Stiefel, der nicht nur ein Naturdenkmal bietet, sondern auch eine Hütte des Pfälzer-Wald-Vereins.

Ein ungewöhnliches Schulgebäude am Schmelzerwald wurde 2006 auf dem Gelände der ehemaligen Wallerfeld-Sporthalle eröffnet. Es wird von zwei Schulen genutzt, der erweiterten Realschule und dem Berufsbildungszentrum.

Vor dem BBZ steht Der Walzmeister, eine Bronzeplastik des Bildhauers Fritz Koelle, die die Firma Moeller & Neumann der Stadt 1956 geschenkt hat.

Das Berufsbildungszentrum des Saarpfalzkreises in der Johann-Josef-Heinrich-Straße.

Die St. Konradskirche mit freistehendem Glockenturm gegenüber dem BBZ wurde 1957 geweiht, um dem nach dem Zweiten Weltkrieg neu entstandenen Schmelzerwald-Viertel eine Pfarrkirche zu geben.

Die Albert-Schweitzer-Schule in der Schnapphahner Dell ist eine Förderschule Lernen des Saarpfalz-Kreises.

Im Hintergrund die gerade aufgegebene Dependance des Leibniz-Gymnasiums im Schmelzerwald, davor eine Skulptur aus afrikanischem Granit (1977) von Paul Schneider, der im Jahr 2000 Albert-Weisgerber-Preisträger war.

Das Fraunhofer IBMT arbeitet mit etwa 170 Beschäftigten auf den Gebieten Biomedizin- und Medizintechnik.

Giebel, Gartenpavillon und Eingang der Jugendstil-Villa Wittemann in der Wittemannstraße, die 1909 von dem Architekten Arthur Kratzsch für die Bauunternehmerfamilie Wittemann gebaut wurde.

Das Königlich-Bayerische Rentamt in der Rentamtstraße wurde 1900 bis 1902 erbaut und ist heute Sitz des Finanzamts. Im Giebel das bayerische Staatswappen.

Bürgerhäuser in der Dr.-Wolfgang-Krämer-Straße, überwiegend erbaut 1895 bis 1913.

»Kolonie-Häuser« in der »Spatzegass«, d.h. werkseigene Wohnungen der Lautzenthal-Glashütte in der Glashütterstraße, ab 1895 gebaut.

Das Elternhaus des Heimathistorikers Dr. Wolfgang Krämer, gebaut 1894, in der später nach ihm benannten Straße. Der Vater war Lehrer aus Schnappach, die Familie wohnte Anfang der 1890er Jahre im Kapellenweg und zog später in die Hochstraße.

Wohnhaus in der Dr.-Wolfgang-Krämer-Straße, erbaut 1898.

Das neobarocke Amtsgericht, erbaut 1901, ehemals Königlich-Bayerisch, seit 1974 zuständig für St. Ingbert und Mandelbachtal.

Sengscheid von oben mit dem Schafkopf im Hintergrund und St. Ingbert-Süd. Der Einschnitt im Wald am linken Bildrand markiert die Autobahn.

»Hänsel und Gretel«, ein Sandsteinrelief, das meist als gallo-römisches Götterbild gedeutet wird, liegt zwar nicht mehr auf St. Ingberter Bann, ist aber ein beliebtes Ausflugsziel am Rande des Grumbachtals.

Impressionen vom Grumbachtal

Der Sengscheider Brunnen liefert noch heute gutes Trinkwasser.

Der Grenzstein befindet sich am südwestlichen Rand des großen Stiefels und markiert die Grenze zwischen Nassau-Saarbrücken (Wolfsangel) und Ensheim, das vor der Französischen Revolution zum Kloster Wadgassen (KW) gehörte.

Von dem sogenannten Stiefeler Schloss sind nur noch Fundamentreste vorhanden. Es handelte sich wohl um eine Turmhügelburg aus der Zeit um 1000, die vermutlich im 12. Jahrhundert zerstört wurde.

Ein Wahrzeichen St. Ingberts: der Stiefel, ein Buntsandsteinfelsen, der durch die Verwitterung seiner unterschiedlich harten Schichten seine markante Form erhielt.

Wabenverwitterung am Stiefelfelsen.

Rentrisch

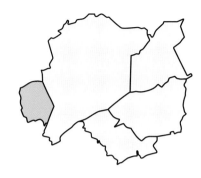

Eine Rennstraße, heute würde man Schnellstraße sagen, führte bereits zur Römerzeit durch das Scheidterbachtal. Sie verlief von Metz aus zu den Städten am Oberrhein, Worms und Mainz. Die Grafen von Saarbrücken machten sie zur Geleitstraße, d.h. sie boten den Reisenden Schutz und forderten Zoll dafür ein. Nördlich des Scheidterbaches verlaufend, erreichte sie am Spellen-stein die Grenze zwischen dem Besitz der Abtei Wadgassen und der St.Ingberter Gemarkung. Dort bog sie nach Südosten in das Mühlental ab.

Später wird die Straße von der nördlichen auf die südliche Seite des Scheidterbaches verlegt, und Napoleon I. baute sie als Kaiserstraße für Truppenbewegungen während seiner Feldzüge aus.

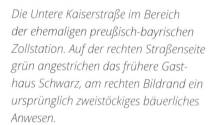

Die Untere Kaiserstraße im Bereich der ehemaligen preußisch-bayrischen Zollstation. Auf der rechten Straßenseite grün angestrichen das frühere Gasthaus Schwarz, am rechten Bildrand ein ursprünglich zweistöckiges bäuerliches Anwesen.

Blick nach Südwesten auf den Taltrichter des Scheidterbaches, der in der rechten Bildhälfte von einem breiten Gürtel Auenvegetation begleitet wird. Darüber der Lottenhammer und die Hammerdell. Südöstlich des Baches folgen parallel zueinander die dicht bebaute Kaiserstraße, der Eisenbahndamm, sowie das jüngere Siedlungsgebiet um die Kirche. Links im Vordergrund die ehemalige Grundschule.

Durch den Wiener Kongress wurde Rentrisch 1816 preußisch und Grenz- und Zollstation zum bayerischen St. Ingbert. Die Grenze querte das Scheidterbachtal dort, wo das Mühlental nach Südosten den Weg nach Sengscheid, zum Großen Stiefel und zu der Hochfläche des Bliesgaues ermöglichte, während nach Nordwesten das Dudweiler- und Neuweilertal günstige Verbindungsmöglichkeiten ins Sulzbachtal boten.

Auch die späteren Verkehrswege waren an diese topographischen Leitlinien gebunden: 1879 wurde die Eisenbahnlinie St. Ingbert – Saarbrücken eröffnet, doch erhielt Rentrisch erst 1932 eine eigene Bahnstation. 1965 schließlich stellte man die Rentrischer Talbrücke für den Autobahnzubringer zur A 6 fertig.

Alt-Rentrisch entwickelte sich als preußische Grenzstation zum bayerischen St. Ingbert mit Beher-

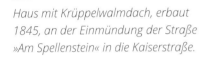

Haus mit Krüppelwalmdach, erbaut 1845, an der Einmündung der Straße »Am Spellenstein« in die Kaiserstraße.

Waschhaus an der Stelle des früher hier sprudelnden »Rauschenborns«, der die Bewohner Alt-Rentrischs bis Anfang des 20. Jahrhunderts mit Wasser versorgte.

Der Spellenstein, jungsteinzeitlicher, 5 Meter hoher Menhir, Weg- und Grenzmarkierung, für Kinder der Wetzstein des sagenhaften Riesen Kreuzmann, der auf dem Großen Stiefel hauste.

Matschspielplatz im Neuweiler Tal. Das Wasser liefert der Klapperbrunnen, der früher auch die hier wohnenden Köhler mit Trinkwasser versorgte.

bergungs- und Fuhrbetrieben entlang der Kaiserstraße. Hier mussten die Pferdegespanne gewechselt werden, und konnten die Fuhrleute unterkommen. Diese Tradition setzte sich bis ins 20. Jahrhundert fort, nur trat jetzt der Autoverkehr an die Stelle von Pferdefuhrwerken. Bis in die 70er Jahre hatte die Rentrischer Gastronomie eine überregionale Bedeutung, die erst durch den stärkeren Individualverkehr zum nahen Saarbrücken gesunken ist.

Die Siedlung entwickelte sich wegen der Grenzlage zunächst auf beiden Seiten der Kaiserstraße in Richtung Scheidt, wohin auch kirchliche und verwaltungsmäßige Beziehungen bestanden: Eine erste Kirche und die erste Schule wurden an der Kaiserstraße errichtet.

Mitte des 18. Jahrhunderts erwirbt Catharina Loth eine am Scheidterbach stehende Sägemühle und baut sie zu einem Hammerwerk aus. In der Folge

entstehen im Umkreis des «Lottenhammers» Industriebauten, Stallungen und Wohngebäude. Die für die Eisenverarbeitung benötigte Holzkohle wurde von Köhlern in den nahen Waldgebieten hergestellt. Die Köhler selber wohnten in einfachen Hütten im Neuweilertal, wo der Klaffenborn eine gute Wasserversorgung sicherstellte.

1938 wurde «hinter der Bahn» die neue Kirche eingeweiht. In ihrer Nähe entstanden seit den 50er

Jahren neue Siedlungsgebiete auf ursprünglich landwirtschaftlich genutzten Parzellen, desgleichen nördlich des Lottenhammers.

Im 2. Weltkrieg querte in der Nähe der alten Grenze der Westwall mit Bunkern und Höckerlinie das Scheidterbachtal. Neben einem nicht gesprengten Bunker wurden eine neue Schule (1958) und ein Kindergarten errichtet, sowie der Sportplatz neu gestaltet und den modernen Anforderungen angepasst.

Heute ist Rentrisch ein reiner Wohnort mit günstigen Verkehrsverbindungen nach Saarbrücken und zur Universität. Er weist nur noch wenige Handwerksbetriebe auf, Gastronomie und Einzelhandelsgeschäfte spielen kaum noch eine Rolle, der tägliche und langfristige Bedarf wird in St. Ingbert-Zentrum oder Saarbrücken gedeckt.

Das neue Wahrzeichen Rentrischs, die 1965 eröffnete Talbrücke mit dem Autobahnzubringer stellt die kürzeste Verbindung zwischen Saarbrücken, der Universität und der Autobahn A6 dar. Der Blick geht nach Norden über den alten Dorfkern mit Kaiserstraße, Straße Am Spellenstein und Neuweiler Weg auf den Saarkohlenwald mit dem Neuweiler Höhenrücken.

Wir blicken nach Süden in das Neuweiler Tal. Über die Talbrücke und westlich am Schmelzerwald vorbei erreicht der Zubringer bei Sengscheid, in der Lücke zwischen dem Großen Stiefel, rechts oben, und dem Schafkopf, links oben, die Autobahn A6.

Der Scheidterbach wurde 2009 in seiner sumpfigen Rentrischer Talaue renaturiert. Die Feuchtgebiete zwischen ihm und den angrenzenden Wohnstraßen sind beliebte Ausflugsziele für Wildschweine.

1900/1901 wurde in der Kaiserstraße die Notkirche mit Pfarrwohnung erbaut.

Die Westwall-Anlage WH 337, die 1937 gebaut wurde, diente 1939/40 als Kompaniegefechtsstand. Später fand die Zivilbevölkerung in ihr Schutz vor Fliegerangriffen. Während des »Kalten Krieges« richtete man den Bunker für den Zivilschutz her.

Das neue Schulhaus am Waldrand wurde 1958 eingeweiht. Von 1991 bis 2009 wurden nur noch Grundschulkinder in der Schule am Stiefel unterrichtet. Seither besuchen die Schüler die Rischbachschule in St. Ingbert. Heute ist in dem Gebäude die »Akademie Hochbegabung« untergebracht.

Die katholische Kirche Zur Heiligen Familie wurde 1938 eingeweiht. Sie ist aus Werksteinen erbaut, die man in einem in der Nähe gelegenen Buntsandsteinaufschluss brach.

Die Alte Schmelz

Eine Glocke, die über einer Uhr im Dachreiter der Möllerhalle installiert war, rief seit Anfang des 19. Jahrhunderts die Arbeiter des Eisenwerks zur täglichen Schicht und läutete gleichzeitig eine erste Blütezeit des Betriebes ein. 1733 hatte Graf Carl Caspar von der Leyen der Gründung einer Eisenschmelze und eines Ham-

merwerks im Tal des Rohrbachs zugestimmt. Der Standort war günstig: Die Wasserkraft lieferte der Rohrbach, Eisenerz und Sand der allenthalben anstehende Buntsandstein, Holz und Holzkohle waren in den angrenzenden Mischwäldern reichlich vorhanden und zu den Kalkgruben des Bliesgaus und den Steinkohlevor-

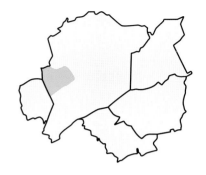

Die rückwärtige Giebelseite der Mechanischen Werkstatt zeigt die typische Industriearchitektur der dritten Bauphase des Eisenwerks (1907–1914). Auf dreischiffigem Grundriss erhebt sich eine Stahlskelettkonstruktion, deren Außenwände in gelben und roten Ziegelsteinen errichtet sind. Die rote Farbe betont die ästhetisch wichtigen Gestaltungselemente wie Lisenen, Gesimse, Friese sowie Fenster- und Türumrahmungen mit Flachbögen.

Blick auf den historischen Kern der Alten Schmelz: Mit Giebeltürmchen die Möllerhalle, ihr gegenüber das ehemalige Konsumgebäude, dahinter, mit Krüppelwalmdächern, spätbarocke Arbeiterhäuser (1800–1910). In der linken oberen Ecke das klassizistische Verwaltungsgebäude, vor ihm das chemische Labor.

kommen des Kohlesattels war es auch nicht sehr weit. Der Weg durch das Rohrbachtal wurde erst nach und nach durchgängig befestigt, aber immerhin konnten ihn Pferdefuhrwerke befahren.

Die ersten Hüttengebäude sind nicht erhalten. Die durch die Jahresringe im Holz des Gebälks auf 1810 datierte Möllerhalle bildete zusammen mit einem Hochofen den Kern des Hüttenwerks. Die eiserne

Plakette mit der Jahreszahl 1750 wurde wohl im 19. Jahrhundert angebracht. Im Laufe der Jahre sollte die Möllerhalle ihre ursprüngliche Funktion, das Erz und die Zuschläge zur Verhüttung zu mischen, verlieren und diente der Werkskapelle als Musikhaus, war im Ersten Weltkrieg Leichenhalle und in den 1960er Jahren sogar eine Kapelle, in der Gottesdienste stattfanden.

1788 übernahm Philipp Heinrich Krämer die Leitung des Werks. Nach seinem Tod 1803 baute seine Frau Sophie die Hütte zum bedeutendsten Unternehmen im Raum St. Ingbert aus. 1807 ließ sie das zweigeschossige Herrenhaus in spätbarockem Stil erbauen. In seiner Nähe entstand die noch existierende älteste Werkssiedlung des Saarlandes. Sie besteht aus langgestreckten, eingeschossigen,

Im Vordergrund links Freifläche des DNA-Geländes, rechts der Dudweilerstraße der Wertstoffhof, beide stadteinwärts begrenzt von dem Eisenbahndamm mit dem Rundbogenviadukt. In der Bildmitte links der Kohlenstraße
das ehemalige Gelände der Firma Kaiser, rechts das Feuerwehrgerätehaus,
dahinter Ingobertushalle, Stadthalle und Wiesentalschule. Mitte rechts das
Rathaus.

Das DNA-Gelände mit Parkplatz, begrenzt stadteinwärts vom einstigen
Waschhaus der Schmelzer, das zu einem Kultur-Restaurant umgebaut
wurde. Auf der anderen Seite der Dudweilerstraße die ehemalige Aktien-
glashütte, »Buddelhütt« genannt, die zum städtischen Betriebshof gehört.
Rechte untere Bildecke: ehemaliges Laboratorium und spätere Domanial-
Schule, dahinter das Pumpenhaus. Bildmitte: Moderne Fabrikationshallen
der Stanz- und Metallwerke Voit.

verputzten Bruchsteingebäuden mit Sattel- oder Krüppelwalmdächern, die bis zu sechs Wohneinheiten umfassen. Daneben ließ sie zwei zweigeschossige Meisterhäuser errichten. Weitere Meisterhäuser stammen aus der Zeit vor 1900. Zwischen 1907 und 1913 eröffnete der Konsumverein in einem Hüttenhaus ein Geschäft für die tägliche Grundversorgung.

Die kontinuierliche Weiterentwicklung des Werks durch ein Puddelwerk, durch die Einführung einer Dampfmaschine und den Anschluss an die Eisenbahn sowie die Einführung des Thomasstahlverfahrens hatte die Beschäftigtenzahl vervielfacht und die Einwohnerzahl St. Ingberts stark anwachsen lassen. Zusätzlich zu den Werkswohnungen stand für Pendler aus entfernteren Herkunftsorten seit

1906/07 ein Schlafhaus mit Speiseanstalt zur Verfügung.

Seit den 1850er Jahren hatte sich das Werk nach Norden über die Dudweiler Straße hin ausgedehnt. Dies brachte den Vorteil der Nähe zur Grube, was den Bau einer eigenen Kokerei und zweier Kokshochöfen ermöglichte. Die weitere Entwicklung des Eisenwerks ist gekennzeichnet durch mehrfa-

*Blick auf die gelben und roten
Klinkerbauten des ehemaligen
Betriebsbüros und des Pförtnerhauses.
Auf der gegenüberliegenden
Straßenseite die frühere Domanial-
Schule der französischen
Grubenverwaltung und das
Pumpenhaus. Dahinter moderne
Bürogebäude. Hinter dem Kreisel die
alte Elektrische Zentrale (Anfang 20.
Jahrhundert).*

*Der Schmelzkanal zweigt vom
Großbach ab und versorgte das hier
abgebildete Pumpenhaus und das
Eisenwerk mit Wasser.*

che Fusionen und Übernahmen und damit verbundene Namensänderungen:
HADIR (1920), ARBED (1967), Drahtwerk St. Ingbert (1984). Nach Stillle-
gung des Oberen Werkes 1996 beschränkte sich die Produktion auf Draht und
Drahtgeflechte in modernen Produktionsstätten des unteren Werkes, in dem
2014 noch knapp 200 Mitarbeiter beschäftigt waren.

Die Möllerhalle, die spätbarocken Arbeiterhäuser und das Herrenhaus wurden
1988 unter Denkmalschutz gestellt, und 1994 begannen Sanierungsarbeiten. Für
die Arbeiterhäuser und das Konsumgebäude bildete sich 1995 eine Wohnungs-
genossenschaft, welche die Vermittlung der sanierten Gebäude übernahm. Die
Sanierung des spätbarocken Herrenhauses, des klassizistischen Verwaltungsge-
bäudes und der ehemaligen Direktorenvillen harrt noch ihrer Vollendung. Die
um 1900 errichteten Betriebsgebäude zeichnen sich durch aufwendig in gelben
und roten Ziegelsteinen gestaltete Außenmauern aus, die teilweise bereits sa-
niert sind und umgenutzt werden. Landesweit bekannt wurde die Mechanische
Werkstatt als «Industriekathedrale», die nicht nur als Veranstaltungsort für die
Musikfestspiele Saar gedient hat, sondern auch zeitweise Spielstätte des Saarlän-

Im Vordergrund links die Elektrische Zentrale. In der Bildmitte links der Dudweilerstraße das frühere Pförtnerhaus und Betriebsbüro sowie das Waschhaus der Schmelzer, jetzt umgebaut zu einem Kultur-Restaurant. Rechts der Dudweilerstraße die frühere Domanial-Schule, das Pumpenhaus, dahinter die ehemalige Aktien-Glashütte und der Bauhof. Am oberen Bildrand der baumbestandene Eisenbahndamm mit Viadukt.

Eine Neuansiedlung auf dem Drahtwerk-Nord-Areal: Key-Systems GmbH.

dischen Staatstheaters war. Weitere Gebäude, die umgewidmet sind: die elektrische Zentrale, das ehemalige Betriebsbüro, das Waschhaus der Schmelzer, das Pumpenhaus am Schmelzkanal, die Werkstatt der Schlosserei, das ehemalige Magazin mit Sheddach, die Umformerstation und die Gießerei. Ein weit bekanntes Alleinstellungsmerkmal des Werks ist die um 1913 errichtete Werksmauer entlang der Saarbrücker Straße mit den integrierten Blendgiebeln der Glüherei und der Beizerei.

Durch den Abriss der nicht sanierungsfähigen Gebäude des oberen Werks ist das 23 Hektar große Drahtwerk Nord Areal entstanden, das zu einem Industrie- und Technologiepark mit Gleisanschluss umgestaltet wird. Es soll in Zukunft die Verbindung herstellen zu den westlich sich anschließenden Gewerbeflächen beiderseits der Dudweiler Straße.

In der rechten Bildhälfte das Fabrikationsgebäude der ehemaligen Maschinenfabrik Peter, die seit Ende des 19. Jahrhunderts in einem Kleineisenwerk Nieten, Schrauben und Nägel herstellte. Daneben fertigte sie in einer Herdfabrik Zentralheizungssysteme. Die Fassade mit schmückenden Stilelementen aus gelben und roten Ziegelsteinen ist typisch für die Industriearchitektur der späten Gründerjahre. In der linken Bildhälfte ist ein Abschnitt des ehemaligen Fabrikschornsteins zu sehen. Dieser dient heute als Kletterturm.

Das um 1930 errichtete Gebäude der Rheinischen Lederwerke, die 1953 ihren Betrieb einstellten, beherbergt heute die Verwaltung der VOIT Automotive GmbH.

Die Umfassungsmauer des Eisenwerks mit dem Blendgiebel der Beizerei (1907–1914), wie alle Industriegebäude nach der Jahrhundertwende aus gelben und roten Ziegelsteinen gebaut und mit Schmuckelementen versehen.

Rechts unten das spätbarocke Herrenhaus (1807) mit gewalmtem Mansarddach. Zunächst war es Wohnhaus von Sophie Krämer und ihrer Familie, später benutzte es die Werksverwaltung. Bildmitte von links nach rechts: Mechanische Werkstatt, Schlosserei, Möllerhalle, spätbarocke Arbeiterhäuser. Links oben Verwaltungsgebäude, Elektrowerkstatt und moderne Fabrikationshallen.

Das zweigeschossige, spätbarocke Herrenhaus vom Garten aus gesehen.

Die vier Meisterhäuser am Eingang zur Alten Schmelz wurden um 1900 gebaut, zweigeschossige, verputzte Bruchsteinbauten, zu denen jeweils ein zwischen Haus und Garten stehendes kleines Wirtschaftsgebäude gehört. Ihnen gegenüber ein einstöckiges Arbeiterhaus.

Das etwas zurückversetzte Backhaus in der Mitte zwischen den vier Meisterhäusern.

Die restaurierte Möllerhalle, wahrscheinlich in ihrer Längsachse ursprünglich größer gebaut.

Außentreppe und Eingang zum Anbau des ehemaligen Konsumgebäudes

In dem zwischen 1907 und 1913 entstandenen Gebäude waren das
Geschäft des Konsumvereins und die Verbrauchergenossenschaft
der HADIR untergebracht. Jetzt befinden sich in dem Haus Büros der
»Initiative Alte Schmelz« und Tagungsräume.

Die Mechanische Werkstatt mit ihren Dekorelementen ist heute das Aushängeschild der Alten Schmelz. Nach ihrer Renovierung dient diese »Industriekathedrale«, wie man sie wegen ihres dreiteiligen Aufbaus in höheres Hauptschiff und zwei niedrigere Seitenschiffe gerne nennt, kulturellen Veranstaltungen, die sie weithin bekannt gemacht haben, u.a. als Veranstaltungsort der »Musikfestspiele Saar«.

Das hoch über der Werkssiedlung stehende ehemalige Schlafhaus aus dem Jahr 1907 zeigt die gleichen Stilmerkmale wie die zu dieser Zeit entstandenen Fabrikgebäude: Durch rote Backsteine betonte Lisenen, Friese, Flach- und Entlastungsbögen über den Fensterstürzen, welche die gelben Mauerflächen einrahmen und auflockern. Auf den drei Etagen befanden sich jeweils acht Schlafräume mit sechs Betten. Eine »Speiseanstalt« kümmerte sich um die Nahrungsmittelversorgung der Bewohner.

Wir blicken nach Südwesten, talabwärts, Richtung Rentrisch. Im Vordergrund die historischen Gebäude der Alten Schmelz. In der oberen Bildhälfte die modernen Fabrikationsstätten, die links von der Saarbrücker Straße (Kaiserstraße) begrenzt werden.

Ein Zug fährt Drahtrollen zur Weiterverarbeitung auf das Werksgelände.

Literaturverzeichnis

Amman, Hektor/Meynen, Emil u.a. (Hg.): Geschichtlicher Atlas für das Land an der Saar, Saarbrücken 1965–1985/1989.

Baus, Peter/Betz, Alf: St. Ingbert – Ein Stadtportrait in Bildern, Blieskastel 1999.

Buhmann, Josef: Gesundheits- und Sozialwesen im 19. und zu Beginn des 20. Jahrhunderts in St. Ingbert, in: Saarpfalz-Kreis (Hg.), Saarpfalz 1988/1, S. 32–46.

Dewald, Karl-Heinz/Bucher, Karl-Heinz u.a.: Rentrisch einst und heute, [St. Ingbert-Rentrisch], [1992].

Festausschuss »800 Jahre Rohrbach« (Hg.): 800 Jahre Rohrbach 1181–1981, St. Ingbert 1981.

Ganster, Anja: Die Geschichte des Eisenwerks St. Ingbert »Die Schmelz«, St. Ingbert 2000.

Geschichtswerkstatt St. Ingbert (Hg.): Bevölkerungsentwicklung. St. Ingbert im 19. Jahrhundert (Beiträge zur Regionalgeschichte, Heft 2), St. Ingbert [1990].

Heimat- und Verkehrsverein St. Ingbert/ Heimatverein Oberwürzbach (Hg.): 175 Jahre Stadt St. Ingbert – die letzten 25 Jahre, St. Ingbert 2002/2003.

Hellenthal, Werner (Hg.), 150 Jahre Stadt St. Ingbert (1829–1979), St. Ingbert 1979.

Herrmann, Hans-Christian/Schmitt, Johannes/ Historischer Verein für die Saargegend e.V. (Hg.): Das Saarland. Geschichte einer Region, St. Ingbert 2012.

Historischer Verein für die Saargegend e.V. (Hg.), Vom Empire zur Restauration. Die Saarregion im Umbruch 1814–1820, Saarbrücken 2016.

Hoppstädter, Kurt: Die Entstehung der Saarländischen Eisenbahnen, Saarbrücken 1961.

Krämer, Wolfgang: Geschichte der Stadt St. Ingbert, 2 Bände, St. Ingbert 1955.

Krick, Hans-Werner/Zutter, Albrecht: St. Ingbert erzählt. Erlebte Geschichte 1910–1946, St. Ingbert 2004.

Krick, Hans-Werner/Steinmetz, Evi: Wege in die Region. Grubenpfad St. Ingbert – ein historischer Wanderweg, St. Ingbert 1993.

Lindemann, Clemens (Hg.): Der Saarpfalz-Kreis, Stuttgart 1993.

Luck, Hilar: »Geliebtes Hassel«. Eine Liebeserklärung an meinen Heimatort, St. Ingbert 2001.

Meynen, Emil (Hg.): Die Städte in Rheinland-Pfalz und im Saarland, Bonn-Bad Godesberg 1970.

Mittelstadt St. Ingbert (Hg.): 8OO Jahre Oberwürzbach (1181–1981), St. Ingbert 1981.

Mittelstadt St. Ingbert (Hg.): 700 Jahre Rentrisch 1290–1990. Ort am Spellenstein, St. Ingbert 1990.

Müller, Friedrich: Der Hasseler Tunnel, St. Ingbert 2009.

Müller, Adam: Der Rittershof. Eigentum des Herrn Felix Villeroy, in: Saarpfalz-Kreis (Hg.), Saarpfalz Jahrbuch 2014, S. 75–82.

Nimsgern, Christoph/Zutter, Eva: Juden in St. Ingbert, St. Ingbert 1990.

Nimmesgern, Susanne: Die Schmelzerinnen. Unternehmerinnen, Hüttenfrauen, Zwangsarbeiterinnen auf dem St. Ingberter Eisenwerk, St. Ingbert 2012.

Nimmesgern, Susanne: Die Residenzen der St. Ingberter Familie Krämer, in: Saarpfalz-Kreis (Hg.), Saarpfalz 2014/4, S. 48–56.

Oberhauser, Fred: Das Saarland (Dumont Kunst-Reiseführer), Köln 2003.

Rohrbacher Heimatfreunde e.V. (Hg.):
Rohrbacher Heimatbuch. Teil II, St. Ingbert
[1992].

Ruth, Karl Heinz: Stollen und Schächte im
Steinkohlenbergbau an der Saar (17). Grube
St. Ingbert, Teil 1, Saarbrücken 1994.

Scheuer, Günter: Alt-St. Ingberter Geschichten,
St. Ingbert 2002.

Scholl, Josef: Mühlen und Gutshöfe im Raum
St. Ingbert, St. Ingbert 1978.

Scholl, Josef: Ernstes und Heiteres aus dem alten
St. Ingbert, St. Ingbert 1984.

Scholl, Josef: Rund um die Engelbertskirche im
Laufe der Jahrhunderte, St. Ingbert 1989.

Stark, Gislinde/Lauer, Hans: Von Stein zu Stein.
Historische Grenzsteine im Raum St. Ingbert,
Beiträge zur Regionalgeschichte Heft 8, 1992.

Steinmetz, Evi: Industriestadt St. Ingbert –
St. Ingbert Industriestadt? Spaziergang durch
die Zeit, St. Ingbert 1998 (darin: Führer durch
St. Ingbert und Umgebung des Gabelsberger
Stenographenvereins 1908).

Steinmetz, Evi: Zwischen Fabrikschornstein und
Direktorenvilla. Spaziergang durch die alte
Industriestadt St. Ingbert, St. Ingbert 1993.

St. Ingbert in Bildern von St. Ingberter Fotografen
und Texten von Fred Oberhauser, Lebach 1988.

Uhl, Karl: Spaziergänge durch das alte St. Ingbert,
St. Ingbert 1961.

Villeroy de Galhau, Claude: Felix-Ambroise
Villeroy (1792–1881) pionnier de l'agriculture
industrielle et de l'élevage, in: Mémoire de
l'Académie Nationale de Metz 2013,
S. 225–230.

Abbildungsnachweis

Außer den Fotos von Manfred Holz finden sich Fo-
tografien folgender Personen in dem Band:
Sascha Köhler (Seite 43, beide; Seite 44 unten),
Manfred Trenz (Seite 44 oben, Glocke),
Reiner Voß (S. 174 rechts, Innenraum).
Mit freundlicher Genehmigung der Rechteinhaber.

Danksagung

Zahlreiche St. Ingberter Privatpersonen, Firmen,
Institutionen und Mitarbeiterinnen und Mitarbeiter der Stadtverwaltung haben das Entstehen dieses
Bandes mit Wohlwollen, Hilfsbereitschaft und Ge-
duld bei den Fotoarbeiten begleitet. Ihnen allen gilt
unser herzlicher Dank.

Susanne Nimmesgern

Die Schmelzerinnen

Unternehmerinnen, Hüttenfrauen,
Zwangsarbeiterinnen auf dem
St. Ingberter Eisenwerk

Herausgegeben von der
Initiative Alte Schmelz
St. Ingbert e.V.

2010. Br. 220 Seiten, mit zahlr. Abbildungen.
ISBN 978-3-86110-485-8   19,80 EUR

Die Geschichte der »Schmelz«, so nannte man im Volks-
mund das St. Ingberter Eisenwerk, wird in dem vor-
liegenden Buch einmal aus einer deutlich anderen Per-
spektive beschrieben: aus der Sicht der Frauen. Dabei spannt die
Autorin einen Bogen von der Gründung des Werks im Jahr 1733 bis zur
weitgehenden Einstellung der Produktion in den 1990er Jahren. Sie schaut den beiden
Unternehmerinnen Catharina Loth und Sophie Krämer über die Schulter, wie sie im 18.
und frühen 19. Jahrhundert die Schmelz nach dem Tod ihrer Männer jahrzehntelang
leiteten und macht erfahrbar, was es vor dem Hintergrund der Vor- und Frühindus-
trialisierung bedeutete, ein Eisenwerk zum Erfolg zu führen. Im fortschreitenden 19.
Jahrhundert verschwanden Frauen aus Leitungspositionen, sie wirkten nun im Stillen
hinter hohen Herrenmauern. Der Blick der Autorin folgt den »Schmelzerinnen« in ihre
prachtvollen Villen als Unternehmergattinnen ebenso wie in die engen Arbeiterhäuschen
mit Stall und Garten. Im 20. Jahrhundert treffen wir die Frauen erstmals in der Produktion als Granatenputzerinnen, Kranfahrerinnen, Zwangsarbeiterinnen oder Drahtflech-
terinnen an.

In anschaulicher Form erhalten die Leser einen lebendigen Einblick in Werden und
Vergehen des Eisenwerks, das die Geschichte der Stadt St. Ingbert in vielfacher Weise
prägte. Die Schmelz schuf im 18. Jahrhundert schließlich die Grundlage dazu, dass sich
das einst unbedeutende Bauerndorf zu einem wichtigen Zentrum der Industrie in der
bayerischen Pfalz und heute zu einer lebendigen Mittelstadt entwickelte.

Das Saarland

Geschichte einer Region

Herausgegeben vom Historischen
Verein für die Saargegend e.V.
durch Hans-Christian Herrmann
und Johannes Schmitt

Hardcover, gebunden, 418 Seiten, 28,0 x 21,0 cm,
zahlreiche SW-Abbildungen und Karten,

ISBN 978-3-86110-511-4   38,00 EUR

Der Historische Verein für die Saargegend konnte
neun namhafte Regionalhistoriker gewinnen, um eine
in der Konzeption neuartige »Saarlandgeschichte«
zu verfassen. Die Publikation: »Das Saarland. Geschichte einer Region«, die erste in dieser Form und in diesem
Umfang, stellt dar, wie sich das heutige Saarland in über zweihundert Jahren
von einem »Montanrevier« zum nunmehr über 55 Jahre alten Bundesland entwickelt
hat, auch in seiner »Sondergeschichte« während der Völkerbundzeit und nach dem
Zweiten Weltkrieg bis zur Saarabstimmung im Oktober 1955. Dabei wird die politische
Geschichte durch die Erörterung und Beschreibung wirtschaftlicher, gesellschaftlicher
und kultureller Aspekte gleichrangig ergänzt.
Die Darstellung soll wissenschaftlichen Ansprüchen genügen, aber auch ein breiteres Pu-
blikum erreichen, vielleicht auch der heranwachsenden Generation helfen, ihre »saarländische Identität« zu finden. Dies zumal in einer Zeit, in der von verschiedenen Seiten die
Existenz und das Weiterbestehen des Saarlandes in Frage gestellt und diskutiert werden.

INHALT: Hans-Walter Herrmann: Die Saarregion im Alten Reich – Johannes Schmitt:
Die Saarregion zur Zeit der Französischen Revolution und im Französischen Kaiserreich
(1789-1815) – Peter Burg: Unter neuen Herren - Die Saarregion zwischen 1815 und
1850 – Michael Sander: Hochindustrialisierung. Die Saarregion in der Industriellen Revolution, im Kaiserreich und im Ersten Weltkrieg (1850-1918) – Gabriele B. Clemens:
Mandatsgebiet des Völkerbundes – Paul Burgard: Das Saarland im Nationalsozialismus
(1935-1945) – Ludwig Linsmayer und Bernd Reichelt: Das autonome Saarland – Hans-
Christian Herrmann: Das Saarland als Bundesland - trotz Dauerkrise auch eine Geschichte der Erfolge – Register – Autorenverzeichnis.

Maßstab 1 : 50.000

Kartenvorlage: Landesamt für Vermessung,
Geoinformation und Landesentwicklung Saarland
Geobasisdaten, © LVGL TKA 20245/2016

Bearbeitung: Sascha Hantschke